W0396695

DE MÉMOIRE DE GUIGNOL

La censure n'est jamais politique

BRUNO GACCIO

DE MÉMOIRE DE GUIGNOL

La censure n'est jamais politique

MASSOT ÉDITIONS

Couverture : maquette Quintin Leeds,
illustration : Stéphane Trapier
Composition : L'atelier des glyphes
Texte © Bruno Gaccio/
Massot Editions, 2023,
tous droits réservés pour tous pays.
ISBN : 978-2-38035-399-0

Un soir de bouclage de *Charlie Hebdo*, l'original, celui de Cavanna et Choron, en 1978-1979, alors que je lui reprochais gentiment de faire les émissions de variétés de Guy Lux, Coluche me dit : « Si on te propose d'ouvrir ta gueule quelque part, vas-y, c'est trop rare d'avoir l'occasion de le faire pour des gens comme nous. »

Ce « nous » m'a été un prix Nobel.

Enfant parti de rien et fils de peu, les occasions étaient rares de faire entendre un point de vue « ouvrier » – c'est comme ça que Coluche voyait la chose, et que je la vois aujourd'hui. Pour lui, le véhicule pour aller vers les espaces de communication était le rire. Pour moi, qui ne suis pas drôle, ce sera l'écriture de théâtre, puis la satire politique, puis les livres. Ensuite, trouver les endroits où « ouvrir sa gueule ».

Aujourd'hui et par une lente régression soigneusement instrumentée par les milliardaires qui ont acheté tous les médias – (oui je dis tous, je ne vais pas finasser, c'est plus le moment), rengaine connue, il ne reste plus d'espace « organisé » de satire politique assumée. *C'est encore nous* était la dernière du marché. Quant à l'espace « ouvrage de gueule » dont parlait Coluche, il fonctionne aujourd'hui à plein, mais il est occupé en grande partie par les vomisseurs de haine qui ont infesté les télés et les radios, et qui affirment parler au peuple des problèmes qui le préoccupent vraiment : femmes voilées, musulmans, France en danger de disparition, imans qui remplacent les curés, et autres fantasmes à exploiter pour vendre une guerre civilisationnelle dont au fond personne ne veut. Il y a bien sûr des invités gentiment humanistes pour dire que la police tue car c'est un fait, que la réforme des retraites consiste à faire payer par le plus grand nombre les cadeaux fiscaux faits aux plus riches, bref, qui portent la contradiction aux haineux, mais marginalement seulement. Ils sont noyés sous les cris, le sarcasme et dès qu'ils tournent le dos, leurs propos sont commentés par une autre bande de haineux autour d'une autre table, dans une autre radio, une autre chaîne d'info en continu, moqués, déformés, caricaturés. Pour ce qui concerne la rigolade, l'humour humaniste, à base de moquerie portant sur les institutions et les détenteurs *des* pouvoirs, a été remplacé par un flot de « bien fait pour eux », « s'ils sont opprimés, c'est qu'ils le méritent », « si tu traverses dans les clous, on te tirera pas dessus » et « qu'ils se bougent au lieu de gueuler et qu'ils traversent la rue… dans les clous… ils trouveront du boulot autour du port ».

Un pays qui se tient bien sage est un rêve d'État d'exception permanent, c'est-à-dire un État de droit qui outrepasse le cadre normal de son action pour des raisons de « sécurité ». Les moqueurs, les ricaneurs, les satiristes font partie des premiers à éloigner des oreilles fragiles des honnêtes gens, juste après l'investigation journalistique.

Pour la suppression des émissions satiriques, on ne trouvera ni l'exécuteur ni l'arme du crime, jamais. Parce que personne ne cherchera. Il n'y a pas de crime parfait, il n'y a que des enquêtes bâclées. Le fait demeure : il n'y a plus d'émissions de satire politique et d'éléments critiques à base de rigolade sur une chaîne de grande écoute en France. Pendant une période, vers la fin des années 1990, toutes les radios et toutes les télés voulaient « leurs » *Guignols de l'info*. Chacun y allait de son émission de « rire politique » (surtout des blagues) avec plus ou moins de bonheur et quand il y en a partout, c'est comme s'il n'y en avait nulle part, c'est banal, vite fait, pas pertinent. Ça a l'air d'être, mais ça n'est pas. Les émissions travaillant vraiment sur le sujet, il n'y en a eu que très peu. Je ne sais pas si on peut compter *Canteloup* sur TF1, produit par Jean-Marc Dumontet, ami proche de Macron, et présenté successivement par Nikos Aliagas, Alessandra Sublet et Hélène Mannarino, comme « élément satirique critique ou rire politique ». Peut-être. La neutralité politique étant toujours affichée comme la ligne indépassable, c'est très suspect. On a des opinions, elles se ressentent à l'antenne, on n'en a pas, ça se voit. Je dirais que, plus sûrement, la technique du *deepfake*, le profil du producteur et la personnalité de Canteloup font de cette émission un programme potache et bon enfant et qui marche très bien, sur TF1. Ça n'est pas mon sujet ici. Je parle d'écarter les gêneurs, pas de Bourvil et de De Funès.

Nous vivons un glissement irréversible et grave vers une société dure et autoritaire ; c'est aussi le symptôme d'un pays malade des haines qui le rongent. On ne s'aime plus. Les dirigeants d'aujourd'hui prennent la contradiction et la moquerie pour du désamour ; or pour désaimer, il faut avoir aimé, les résultats des élections de 2017 et de 2022 montrent qu'il n'y a jamais eu d'amour pour ceux qui ont mis la main sur les manettes, mais ils font comme si. Incapables de se faire aimer et respecter, ils assument d'être haïs et craints et en font même un mantra : « On ne recule pas, jamais, on ne s'excuse pas, jamais, on avance, toujours. Serrez les rangs. » Dans *Cyrano de Bergerac*, Cyrano, en plein dépit amoureux, déclare :

> La haine chaque jour me tuyaute et m'apprête,
> La fraise dont l'empois force à lever la tête ;
> Chaque ennemi de plus est un nouveau godron
> Qui m'ajoute une gêne et m'ajoute un rayon.
> Car pareille à la fraise espagnole,
> La Haine est un carcan,
> Mais c'est une auréole.

Cyrano est malheureux et désespéré que Roxane ne l'aime pas, alors le monde entier devient son ennemi. Il faut avoir vu le visage impassible d'un Darmanin moqué violemment en direct ou pris à partie à l'Assemblée nationale pour constater que l'engeance aux manettes aujourd'hui est dans le même état d'esprit que Cyrano, le panache en moins. Atteint par le manque d'amour, déniant le fait et trouvant la solution la pire, Cyrano entraîne à cause de son mensonge Roxane et Christian dans son malheur. L'orgueil d'un seul détruit finalement trois vies. Heureusement que Cyrano n'était pas président de la République, dis donc…

Les truites

Fini. *C'est encore nous*, l'émission d'humour politique de France Inter a été arrêtée.

J'étais le parrain de cette émission. En 2014, elle s'appelait : *Si tu écoutes, j'annule tout*, et j'en ai été le premier invité. Une façon de dire qu'entre les Guignols et eux, il y avait une sorte de lien ? Je le suppose parce que je n'ai même pas pensé à demander le pourquoi à l'époque, j'étais à la fois fier d'être le premier invité et horrifié que deux jeunes Belges amorcent le grand remplacement des comiques français sur des ondes nationales. Quelle indignité. Quand l'émission a changé de nom en 2017 – une fourberie évidente alors que les mêmes y officiaient – pour s'appeler *Par Jupiter*, ce statut de parrain m'a été confirmé, mais je percevais déjà l'ironie de cette fonction, et quand l'émission a été renommée *C'est encore nous*, j'ai su que ce statut était maintenu pour ne pas froisser la vieille personne démonétisée que, dans l'intervalle, j'étais devenue.

C'est bien ce qui me permet aujourd'hui d'écrire sur la disparition de la dernière émission d'humour politique – c'est-à-dire la moquerie à l'égard des gens de pouvoir au sens le plus large, et en priorité de ceux qui le détiennent à l'instant T, sans rien demander à personne et surtout pas aux intéressés, qui pourraient en être gênés, par amitié, peur, ou simple grosse gênance. Je suis plutôt clivant. Or, je m'y dois parce que cet arrêt est dommageable et qu'il est le symptôme d'une maladie grave.

Jusqu'en 1996, la surveillance de la qualité de l'eau potable du réservoir de Montsouris, qui alimente un tiers de la ville de Paris, était confiée à... des petites truites. Ces poissons sont très sensibles aux polluants de toutes sortes, et quand les truites montraient des signes de faiblesse, cela signifiait que l'eau n'était plus bonne.

C'est pareil pour la démocratie et les rigolos qui la testent à longueur d'année en la moquant, en la plaçant devant ses contradictions, exposant à la lumière les margoulins qui occupent ces fonctions et les salissent. Quand la démocratie se porte bien, on rigole et on borne le rigolo à ce qu'il est : un bouffon. Quand la démocratie est malade, les rigolos sont dénoncés comme la source du mal. Pensez : s'ils exposent des responsables malhonnêtes à la raillerie, ils font le jeu des adversaires de la démocratie, il faut donc un peu moins de démocratie pour sauver la démocratie. Quand un État démocratique est malade, les rigolos souffrent, puis disparaissent.

Que sont devenues les truites du réservoir Montsouris après cent trente ans à tester l'eau ? Elles ont été retirées au moment d'un renforcement du plan Vigipirate. De peur que des terroristes s'en prennent aux réserves d'eau dans lesquelles il aurait fallu mettre de grande quantité de chlore pour protéger la population et, en conséquence, changer les truites tous les trois mois. On a préféré les retirer. Pour notre sécurité.

Pour notre sécurité, Thierry Breton, commissaire européen au Commerce intérieur a promis le 10 juillet 2023 de sanctionner les réseaux sociaux à partir du 25 août 2023. C'est rondement mené non ? Mais à quelle occasion ? « Lorsqu'il y aura des contenus haineux, des contenus qui appellent par exemple à la révolte, qui appellent également à tuer ou à brûler des voitures, [les plateformes] auront l'obligation dans l'instant de les effacer. Si elles ne le font pas, elles seront immédiatement sanctionnées. » Et si elles ne le font pas immédiatement : « On pourra à ce moment-là non seulement donner une amende mais interdire l'exploitation sur notre territoire. » L'appel à la violence, au meurtre à la haine, etc. étant déjà sanctionnable au regard de l'article 20, section 2, du pacte relatif aux droits civils et politiques, difficile de ne pas interpréter cette extension du domaine de l'entourloupe à l'unique nouveau mot : révolte. Et l'appel à celle-ci. Sous quelle forme cet appel pourrait-il être sanctionné ? Une blague peut-elle être considérée comme un appel à la révolte ? Dire par exemple : « Faire joujou avec des allumettes et un bidon d'essence quand on gouverne comme un gosse capricieux, ça va cramer des voitures, Manu, si c'est ce que tu cherches : tu vas trouver », est-ce un appel à la révolte ou à la violence ? La blague n'étant pas marrante, ça n'est donc pas une blague ? Qui va décider du marrant de la blague ? De sa pertinence ? Si on dit par exemple : « Amis policiers mesurés, ne laissez pas les syndicats factieux parler pour vous, faites-vous entendre », en un mot : révoltez-vous un peu que diable. Est-ce que c'est sanctionnable ? C'est flou. Et quand il y a un flou, c'est qu'il y a un loup.

S'offusquer de l'arrêt forcé d'une émission de ce type n'est pas dérisoire. Même *Le Figaro* a pour devise : « Sans la liberté de blâmer, il n'est point d'éloge flatteur », et on peut s'acquitter du droit de blâmer par le rire et la caricature. C'est même une tradition française, môssieur, et elle est très efficace.

Il reste plein d'émissions de « déconne » si on a envie de rire ? C'est bien. Mais ce n'est pas pareil. Il manque, pour certains auditeurs ou téléspectateurs, un ingrédient dans la sauce, le tour de main qui fait le maître. Le truc piquant qui rappelle qu'on est bien en France, qu'ici on se moque, qu'ici on ne se laisse pas impressionner par celui ou celle qui pense avoir tous les droits parce qu'il est élu, ou riche, ou connu… Ici, on désacralise, on ramène au niveau des humains ceux qui s'estiment si haut qu'ils oublient que d'en bas, ce qu'on voit d'eux, c'est leurs fesses. En France, l'intermittent du spectacle qui est dans Mickey Mouse à Disneyland se met en grève pour sauver ou réclamer des droits, parce qu'en plein été faire la parade dans un costume de souris, c'est pas des vacances. Et c'est pour ça que j'aime ce pays. Ce n'est pas anecdotique.

Précision : c'est bien une disparition. Faire l'autruche ne sert à rien, d'autant que là, le sol, c'est du carrelage. Même si tu peux encore exprimer librement ce que tu veux le dimanche entre 18 heures et 20 heures en public et en direct, ça reste le dimanche entre 18 heures et 20 heures. Et en plus on va t'envoyer en « région », ça va coûter une blinde, tu feras moins d'audience et comme ce sera en public, les détracteurs professionnels diront que ce sont des meetings et non de l'humour, si bien que si la direction décide d'arrêter dans un an, tu seras bien en mal de justifier tes protestations.

Passer en hebdo quand on a été une quotidienne à succès aussi longtemps, c'est l'étape avant le cercueil à émissions caustiques : t'as un pied dans la tombe et l'autre sur une savonnette. Le rêve d'une direction qui a commencé ce genre de travail, c'est que l'émission visée s'arrête d'elle-même, par choix de l'équipe, fatiguée de lutter contre l'insaisissable ergotage dialectique de sa direction. Normalement, et avant que les auteurs de l'émission ne craquent, on leur aura proposé de passer du direct au différé – « On enregistre le vendredi, les gars, c'est mieux pour le public des régions » –, puis de faire du montage pour nettoyer les hésitations, les passages faibles, dans le but de gagner en rythme et en efficacité – « Arrêtez de hurler à la censure, on vous rend meilleurs en coupant les sketches nuls, parce que faut pas déconner, l'émission de Vesoul, elle était faible, on l'a dynamisée, vous devriez dire merci » – et profiter de son dimanche en famille aussi ?

Qui *in fine* est le nettoyeur et avec quels produits d'entretien ? C'est toujours la question. Sur la réforme des retraites, l'équipe de Charline avait fait grève pour soutenir la contestation et avait été très virulente sur le sujet à l'antenne. Mais la décision n'est pas politique bien sûr. Le scénario est un peu sombre, j'avoue, mais le propre des scénarios bien faits, c'est qu'il peut encore y avoir des surprises. Seront-elles bonnes ?

Ce qui est presque marrant, c'est que si la bande à Charline a pu exister, c'est parce que France Inter avait supprimé l'émission de Daniel Mermet, *Là-bas si j'y suis*, qui faisait elle-même polémique par ses prises de position politiques et dans laquelle le jeune François Ruffin, qui se verrait bien président de la République, avait fait ses classes. On proposa jadis à Mermet de passer de quotidien à hebdomadaire, le week-end, pour perpétuer l'esprit *Là-bas si j'y suis*. Les mêmes mots, les mêmes âneries, les mêmes faux-cuteries. Mermet refusa le week-end et la carotte.

Quand le capitaine a peur de la parole du soutier et qu'il le vire, la machine n'avance plus très bien et c'est le signe que le climat a changé, que le ciel se couvre, que la nuit arrive, que l'orage va éclater et que les périphrases vont fleurir pour faire passer un message pourtant simple : le pays a glissé vers quelque chose de sale.

Ce sale s'appelle extrême banalisation du racisme, désignation d'un bouc émissaire, parole violente à l'encontre des plus faibles, répression déchaînée et provocatrice de toutes contestations par une police intouchable qui réclame des droits particuliers et détruit de ce fait l'État de droit, restriction des libertés individuelles, surveillance de masse, crédit social en perspective et troisième mandat pour notre héros. Et moins il y aura d'émissions pour investiguer ou pour se moquer de ça, mieux se sera. Le scénar est sombre, là aussi, mais comme on dit : basé sur des faits réels[1].

Décrypter les faux-semblants, les vrais salauds, les non-dits, les mal-dits et pour bien dire, la désinformation organisée : stop. Ceux qui tiennent les manettes ont le pouvoir de faire tout ce qu'ils veulent et semblent ignorer que c'est précisément pour cette raison qu'ils ne peuvent pas tout se permettre. Mais pour ça, il faut une colonne vertébrale politique qui inclue ce paramètre.

Ceux d'aujourd'hui n'ont aucune colonne vertébrale politique, ils n'ont qu'un objectif chiffré sans pour cela consulter les citoyens ; cela se passe dans les G7, les G20, les Davos, quelques clubs privés, deux ou trois coteries malfaisantes et la Commission européenne. Aujourd'hui ils accélèrent vers cet objectif, et ce qu'ils veulent, c'est que le minimum d'investigation ou de moqueries entourent leurs actions. Ce qu'ils veulent, c'est que le somnifère télévisuel et radiophonique soit efficace.

1. Voir annexes.

Et ils le peuvent. Feu monsieur Le Lay, ci-devant PDG de la maison TF1, corrobora l'idée de ce lavage de cerveau industriel par cette formule restée célèbre : « Ce que nous vendons à Coca-Cola, c'est du temps de cerveau humain disponible, [...] rien n'est plus difficile que d'obtenir cette disponibilité[2]. »

On peut aussi relire Bourdieu : « La télévision a une sorte de monopole de fait sur la formation des cerveaux d'une partie très importante de la population. Or, en mettant l'accent sur les faits divers, en remplissant ce temps rare par du vide, par du rien ou de presque rien, on écarte les informations pertinentes que devrait posséder le citoyen pour exercer ses droits démocratiques[3]. »

Est-il pertinent alors de ressasser cette antienne de la désinformation organisée à une époque où tout le monde a bien compris que si neuf milliardaires ont acheté toutes les télés, les radios, les journaux papier, les maisons d'édition et tout ce qui sert à communiquer avec les consommateurs passifs qu'ils rêvent de nous voir être, ça n'est sûrement pas pour y voir des « bobos islamo-gauchisto-terroristo-écolo-feminazi-wokisto-complotistes » se moquer d'eux, de leurs amis, de leurs pratiques, et plus largement de leur monde hypocrite et violent.

Ces propriétaires de l'information acceptent plus facilement la révolte, et même ils sont prêts à l'organiser en suscitant des débats foireux sur des sujets hautement

2. Déclaration complète, elle vaut la peine, voir annexes.

3. Pierre Bourdieu, *Sur la télévision*, cours au Collège de France, Paris, Raisons d'agir, 1996.

inflammables, parce qu'une révolte, ça se mate facilement à coups de LBD, en attendant le tir à balles réelles souhaité à l'encontre des Gilets jaunes par Luc Ferry, philosophe approximatif et capillairement très mal organisé, accessoirement ancien ministre de l'Éducation nationale... C'est vous dire l'ampleur du glissement, et surtout qu'il ne date pas d'hier.

Un ricanement – qui plus est quotidien – est pourtant un salutaire bras d'honneur, une décrédibilisation de l'imbécile sérieux dont se drapent les gens de pouvoir qui rêvent de masquer leurs brigandages, de les garder secrets afin de faire suer le burnous jusqu'à la mort au tout-venant des quidams. « Qu'ils soient pour nous ou contre nous, ces gueux, mais qu'ils nous rient au nez ? Jamais ! Nom de Dieu. » C'est pourtant l'unique fonction assignée à tous ceux qui ont eu le privilège de jouir de la liberté de *dire* et de faire de l'humour politique, que ce soit la bande à Charline ou les auteurs des *Guignols de l'info*[4].

Une émission de satire politique n'est qu'un intermède de liberté. Neuf ans pour la bande à Charline et presque trente années pour les Guignols. Il y a toujours un moment où le pouvoir, c'est plus fort que lui, se sent obligé de briser. Nassira El Moaddem, on en parle moins, mais son émission *Parcours de combattants,* sur France Inter, a été arrêtée aussi, sans explication. Elle y parlait immigration sans haine, faisait intervenir les intéressés, racontait les

4. Voir annexes.

inégalités et difficultés de la société avec des témoignages de première main. Sans se moquer. Fini.

J'exagère, je crie au loup. Prenez le temps de regarder quels médias ont basculé depuis, disons, 2018. Pour ne parler que de ce que je connais très bien, je peux affirmer qu'il y a similitude entre l'arrêt des *Guignols de l'info* et *C'est encore nous*. Ça défrisait quelqu'un et ce quelqu'un a le pouvoir d'y mettre fin. Rien à voir avec le fait que le support de l'émission soit privé ou public. C'est un processus. Il a ses codes et ses constantes. Il a mené l'époque là où elle est en matière de liberté publique et de rigolade, mais pas que. Associations, ONG, collectifs, syndicalistes, tout ce qui « l'ouvre » pour contester est fermé, ciblé, dissout, entravé par des puceaux politiques qui se sentent si supérieurs en tout que la critique leur est insupportable. Sauf la critique positive. C'est-à-dire… pas une critique, mais une collaboration. Et comme tout passe, ils ne s'arrêteront plus.

Les hommes politiques d'hier étaient-ils moins pointilleux sur le sort à réserver aux petits rigolos ?

Non. Mais ils n'osaient pas, à cause de – ou grâce à – la colonne vertébrale politique dont ils étaient équipés, disons jusqu'à Chirac. Ils avaient aussi ce complexe louis-philippard, après la chute de la monarchie de Juillet durant laquelle la caricature s'était à l'évidence mêlée d'éducation populaire. On peut ne pas aimer, mais c'est un fait. « Ça pourrait se reproduire, Bernadette, laissons aux drôles le droit légitime aux quolibets dans un espace contrôlé. » La liste des chansons, groupes de rap, films, censurés en France par ces « politiques d'hier » est longue comme le bras et disponible sur Internet. Dieudonné ? J'en parlerai plus loin.

Chirac évoquait « le droit légitime aux quolibets » tout en essayant en douce de déglinguer les *Guignols*. Surtout durant son second mandat, où « Super Menteur » a été moins facile à récupérer que « Mangez des pommes ». Pour « Mangez des pommes », un conseiller plus malin que les autres avait trouvé la parade : l'humour. Chirac jouait avec ce slogan que nous avions créé pour illustrer le vide de son programme politique. « J'adore les pommes, toutes les pommes de nos belles régions », disait-il. La meilleure arme contre l'humour est l'humour… après la censure, la violence physique et l'argent, bien sûr.

Sarkozy lui-même disait qu'il préférait un « excès de caricature à pas de caricature du tout » et essaya lui aussi de faire supprimer les *Guignols* en 2007 avant d'y parvenir dix ans plus tard, mais, la main sur le cœur, il n'y était pour rien. Lui, sa colonne vertébrale politique, c'est la trahison, depuis le début.

Il avait déjà fait virer Didier Porte et Stéphane Guillon de France Inter. Comment ? Après avoir dégagé le patron de Radio France, Jean-Paul Cluzel, il s'était octroyé le pouvoir de nomination des présidents de l'audiovisuel public, avait mis Jean-Luc Hees à la tête de Radio France, lequel nomme Philippe Val pour faire le sale boulot. La compétence du gars dans le domaine de la radio, semblant se résumer à répondre gentiment à l'injonction « assis, couché », il était parfait pour le rôle. Si on réfléchit, quand Sarkozy, président de la République, nomme Val, directeur de *Charlie Hebdo*, à la tête de France Inter, ça revient à imaginer le général de Gaulle nommant le Professeur Choron au même poste. Le Général, lui, avait plutôt tendance à faire interdire tous les journaux du Prof. C'est des histoires de vieux, mais l'Histoire, c'est le seul repère pour lire le présent et pour préparer l'avenir.

Pour Sarkozy à la manœuvre, difficile à prouver, vous me direz, et je suis d'accord, même si l'ensemble de sa carrière en matière de coups foireux plaide pour le « présumé coupable ». J'affirme donc qu'il demanda mon renvoi de l'édito de *Nulle part ailleurs* après son passage dans l'émission où j'avais fait son portrait en ouverture ; ça, c'est factuel, et je l'ai vécu, ça n'est pas un fantasme. Il ne l'a pas obtenu. Merci à la direction de l'époque[5]. Avec les politiques « d'avant », c'était toujours des coups bas, pas cette façon assumée et voyoute de jeunes puceaux d'aujourd'hui : « Quoi, vas-y, tu vas faire quoi ? Je fais comme je veux ! T'es pas content, porte plainte ou présente-toi aux élections et si t'es pas content, t'as qu'à devenir ministre. »

Je ne parle pas de François Hollande comme président parce que, lui, il était de la famille des amuseurs. Preuve, il a reçu le prix de l'humour politique en novembre 2017. Ça avait des airs de récompense pour l'ensemble de

5. Voir Annexes.

son quinquennat. À cette occasion, il déclara que l'humour n'était pas une facétie mais que c'était une méthode pour faire passer des arguments. Bravo, bonne vanne pour quelqu'un qui a dû renoncer à se représenter pour défendre son bilan. Peut-être que, lorsqu'on devient président, il faut arrêter les blagues et bosser un peu pour ceux qui vous ont élu ? Et pas que pour ceux qui avaient voté pour la politique de l'autre candidat ?

Il y avait une tradition communément admise qui disait : « Si j'ai du pouvoir, alors, qu'on se moque de moi et de ce pouvoir est un droit légitime. »

Il y a maintenant une prise en main assumée de toutes paroles décalées, drôles, syndicales, associatives, au nom évidemment de la liberté de tous les autres.

Supprimer totalement ces paroles est impossible, ce livre en est la preuve, mais renvoyées au fond du jardin, près de la cabane à outils, elles s'entendent moins, ou plus du tout. La Liberté, celle avec la majuscule, celle inscrite sur tous les murs des bâtiments publics de la République, celle-là est devenue relative dans ce domaine, et dans bien d'autres, et c'est la liberté du renard dans le poulailler qui prévaut aujourd'hui. Libre de dire ce qu'on veut si personne n'écoute, et surtout ne pas mordre la main qui vous nourrit si on vous laisse faire de l'humour à la télé ou à la radio.

Mordre, c'est méchant, je l'accorde, mais lécher, c'est pas carrément dégueulasse ?

Les puceaux politiques d'aujourd'hui sont estropiés de la moquerie parce que les écoles dont ils sortent tous les forment à penser qu'ils ont raison et que seuls des imbéciles avec qui il faut pratiquer la pédagogie à coups de bâton osent les critiquer. Alors, faire rire à leurs dépens, tu penses bien que non.

Ce qui est amusant pour eux, c'est de faire des vidéos décalées sur Internet, pas de critiquer le travail considérable de réformes indispensables (pour qui ?), urgentes (pour qui ?) et courageuses (vraiment ?) qu'ils mènent – nom de Dieu ! –, c'est amusant un moment la critique, mais bon, ça va quoi ! « En plus ça nourrit le sentiment de tous pourris et ça va mener l'extrême droite au pouvoir, ça, à tous les coups, Marc-Sandrine, tu connais, mais oui, ils le disent tous à la télé de BFM que 2027... Tu m'as compris. »

Comme si les idées d'extrême droite n'y étaient pas déjà, au pouvoir. « Oui, mais c'est quoi, l'extrême droite ? » est la question qui le prouve. L'extrême droite, c'est l'endroit où ils siègent à l'Assemblée nationale, les bancs les plus à droite de l'hémicycle, pas plus compliqué que ça, c'est géographique, à l'autre bout il y a les communistes.

Leurs « idées », c'est autre chose.

Quand elles étaient minoritaires, elles n'étaient pas dans l'Assemblée nationale. Aujourd'hui, elles sont sur presque tous les bancs. Y compris vers le milieu de l'hémicycle, là où on trouve les « modérés » les « raisonnables » et les puceaux.

Le vieux Le Pen était plus franc du collier, il publiait des disques de chants nazis, niait mollement l'existence des chambres à gaz, déclarait que l'Occupation n'avait pas été si terrible, il en était fier. Aujourd'hui, c'est plus sournois, ils ne supportent pas d'être regardés pour ce qu'ils sont, ils portent beau le costume et la cravate et plient la société de molle façon, inexorablement ; ils prennent le temps, ils illustrent la parabole de la grenouille qu'on ébouillante lentement et qui, anesthésiée par la douce torpeur de la chaleur qui monte lentement, ne bronche plus quand il est trop tard pour fuir la casserole et qu'elle va crever.

Ils ne font plus de coups d'État, ils font des business plans. Et puis, en réalité, quels politiques sont moqués par les satiristes ? Ceux qui se font prendre la main dans la caisse, ceux qui salissent le plus leur mandat. Alors, « sois honnête, fais ton job et tu auras la paix ». Si l'argument est valide pour les révoltés qui protestent, il l'est forcément pour ceux qui ont la charge de l'argent public. Ne serait-ce qu'au titre de l'exemplarité.

J'entends aujourd'hui les mêmes mots que jadis, lorsque les *Guignols* défrisaient les couillons : « Enfants gâtés, payés à cracher dans la soupe, gauchistes, irresponsables, etc. » On dirait que, même une heure par jour de rigolade, une heure seulement, ils ne supportent pas. La tolérance est fluctuante. Selon les périodes, la longueur de la chaîne au piquet est plus ou moins confortable, mais ça reste une chaîne, on le sait quand on fait le job. En ce moment, elle se raccourcit drastiquement.

Se faire virer est aussi dans le contrat tacite : une institution ne lâche jamais une autre institution, elle vire les éléments perturbateurs.

Allons-y !

Comment arrêter une émission à bas bruit ? Faites-en un non-sujet. La passer de quotidienne à hebdomadaire, le dimanche en région, c'est un *strike.* « Il n'y a pas de sujet, l'émission ne s'arrête pas, môssieur. »

Elle disparaît de la vue du plus grand nombre ?

« Mais il ne tient qu'à eux de refaire un succès là où on les pose, môssieur, et ils ont le talent pour ça, ils ont toute notre confiance. »

La fourberie est efficace, même si tout le monde la constate. Impossible d'en parler, puisqu'on vous dit que l'émission continue ! Toujours la même antienne : « Le dimanche offre une nouvelle visibilité qui permettra à l'équipe de se remettre en question, de trouver un nouveau souffle, de se challenger aussi, car on sentait une sorte de lassitude à l'antenne, voire, pour certains, les bonnes années étaient derrière eux – gnagnagna. Cela permettra à Radio France de pérenniser ces talents que nous aimons, et en particulier celui de la bande à Charline que nous continuerons à soutenir comme nous le faisons depuis le début afin de perpétuer l'esprit *Là-bas si j'y suis…*, pardon… l'esprit *C'est encore nous.* »

Charline, Alex, Guillaume et Clara, pour ne parler que des piliers du début, affichent une assez grande classe en ne se victimisant pas. Charline, la cheffe des anarchistes subventionnés (*dixit* Meurice), semble protéger ceux de son équipe qui n'ont que la radio pour vivre et accepte, sans doute pas de bon cœur, les conditions de sa direction.

Je la comprends et l'admire, elle pourrait faire du beurre sur une autre radio, c'est évident. Et puis, un petit peu de visibilité, c'est mieux que pas de visibilité du tout ? Peut-être. C'est une femme d'une grande intelligence. Je lui fais confiance.

Aux *Guignols* aussi, on avait proposé de passer en hebdo et en différé. C'est Michel Denisot, éphémère directeur général, qui avait eu cette brillante idée au moment où la chaîne baignait dans le désordre après que Messier avait débarqué Pierre Lescure. J'avais bien ri, puis expliqué que la crédibilité des *Guignols* c'était le direct quotidien et l'horaire « comme tu le sais Michel — Oui, bien sûr, oui. » Il n'avait pas insisté plus que ça mais avait essayé. Nous, à l'époque, le succès nous avait protégés. Un des anciens dirigeants de Canal+ me fera ce commentaire amusant sur Michel Denisot : « Il a une capacité de flottaison dans toutes les eaux qui est assez impressionnante à observer. » Cette qualité est indispensable aux carrières longues. À bientôt quatre-vingts ans, la sienne continue.

Plus tard, quand le proprio de Canal+ a changé, le processus de mise à l'arrêt a été le suivant : invisibilisation, désorganisation et enfin, arrêt pour cause de non-succès et coût de fabrication exorbitant. De l'avis de ceux qui faisaient l'émission à la fin, je parle principalement des marionnettistes, seuls irremplaçables du genre, le climat était irrespirable. Il était rendu irrespirable à dessein par les gens censés « renouveler le genre », « donner un coup de jeune », « mondialiser la formule » et « faire perdurer l'esprit de *Là-bas si j'y suis*… des *Guignols* ». Des âneries de DRH, choisis pour leur loyauté plus que pour leurs compétences dans le domaine du divertissement. Ça a commencé par le licenciement immédiat des auteurs familiers de l'émission, remplacés par des auteurs qui ne connaissaient pas l'outil, et s'en servaient mal ; ça s'est poursuivi par la mise à l'écart de la direction artistique, garante de la mise en scène et du lien entre les différents corps de métiers, remplacée par un monsieur très loyal aux méthodes pas forcément adaptées, et ça s'est fini par les injonctions contradictoires permanentes, le jeu de piste pour trouver le bon horaire sur la grille – cryptée à moitié puis aux deux tiers, puis plus du tout… Un climat qui dégoûterait un végane de son steak de tofu.

Dernier paramètre pour se donner les moyens d'arrêter une émission en douceur : avoir le temps et l'argent. Pour France Inter, l'État a le temps et c'est lui qui donne l'argent. Depuis la suppression de la redevance, va falloir être très poli et montrer ses bonnes dispositions quand vous demandez un budget, les amis. Toute similitude avec la disparition programmée des services publics de la santé, de l'éducation et la sécurité sociale en général est-elle suffisamment évidente, ou faut-il qu'un dessinateur la souligne avec un petit crobar marrant ?

Il n'y a plus une seule émission d'humour politique sur une seule chaîne en France ? SI ! Pardon ! La revue de presse de Régis Mailhot au théâtre des Deux-Ânes, diffusée sur Paris Première. Une grande tradition de chansonniers maintenue par je ne sais par quel miracle grâce à une équipe motivée et talentueuse dont même *Le Figaro* loue la pertinence et la drôlerie gauloise sur… Paris Première. Ce n'est pas faire offense à cette chaîne que la qualifier de « plus confidentielle que France Inter » et ce théâtre de plus petit que le studio 104. Mais ça permet au *Figaro* de dire que le persiflage existe toujours dans ce grand pays libre qu'est la France et qu'en plus, il est de bon aloi. J'ai en tête une réflexion de Guillaume Durand quand il a écrit *La Peur bleue*, un livre retraçant son « calvaire » alors qu'il avait pris en charge la présentation de *Nulle Part Ailleurs*, il disait son exaspération et s'en était pris aux *Guignols, Les Guignols* qui caricaturaient chaque jour sa fainéantise. Nous lui avions démontré chiffres à l'appui (huit apparitions en un an, Chirac cent quatre-vingts) qu'il se trompait au moins sur la fréquence de la moquerie et que, là encore, s'il avait bossé un peu, il s'en serait rendu compte et se serait épargné une humiliation télévisuelle. Une susceptibilité froissée n'est pas plus mortelle que des rayures sur sa Ferrari. Son vrai problème était ailleurs. Il le dira très clairement dans l'émission de Daniel Schneidermann *Arrêt sur images* (avant que cette émission ne soit virée de France 2) : « [Les caricaturistes] tant qu'ils sont à *Charlie Hebdo* ou *Hara-Kiri,* ça va, ils n'ont pas trois millions de téléspectateurs chaque soir. » C'est bien ça qui le gênait. La multitude informée et moqueuse. C'est bien ce qui dérangeait aussi avec la bande à Charline ou avec Mermet. La dérision peut vivre mais dans sa niche, elle peut même vivre très bien de ce qu'elle moque mais… dans sa niche. Qu'elle en sorte pour cause de succès et devienne populaire, jamais !

Les milliardaires qui achètent chaînes de télé et/ou radios, ont non seulement le temps mais encore plus d'argent que l'État à consacrer à l'asepsie de leurs antennes, pour écrémer, enlever délicatement la couche supérieure du bidon de lait et, plutôt que d'en faire son beurre, balancer la crème à la poubelle. « *C'est pas politique*, ils étaient fatigués, usés, il faut renouveler le genre, la société a changé, personne n'est propriétaire de son horaire à part le propriétaire des médias… »

Vingt-neuf pour cent des Français font encore confiance aux médias[6]. C'est énorme, ce nombre de naïfs… Peut-on leur parler de liberté d'expression à ceux-là, ou est-ce qu'ils s'en battent les œufs ? Peut-on évoquer avec eux les censures sous toutes leurs formes connues ou est-ce que le sujet n'en est pas un parce qu'aujourd'hui « de tout' façon on peut pu rin dire » ? Et l'humour télévisuel et radiophonique, sa fonction salutaire, on peut l'évoquer, ça les intéresse si personne ne se met de nouilles dans le slip ? Il y a une forme d'aigreur, hein, ça se sent. Sans doute, et de colère aussi. Je vais dire que je m'en moque, mais c'est pas tout à fait vrai. Je vais me faire croire que c'est pour toi que j'ai écrit, pour toi qui tiens ce livre en ce moment, rien que pour toi. Tu es un miracle, tu le sais ? Quatre-vingt-dix-neuf pour cent des Français se moquent pas mal de la littérature et des livres en général, ils ne lisent pas et le disent. Du coup, toi et le un pour cent, vous êtes un club, un clan, quasi une secte qui compte ses

6. Source : Reuters.

ouailles, ses curés, ses inquisiteurs et ses bourreaux. En tant que retraité, provisoirement à l'abri financièrement, je goûte chaque jour la chance que j'ai de pouvoir écrire ce que je veux. Bien sûr, c'est un livre, son *audience* sera très limitée et sa promotion nulle, mais…

« Que dites-vous… ? C'est inutile… ? Je le sais, mais on ne se bat pas dans l'espoir du succès, non… non, c'est bien plus beau quand c'est inutile. »

Rostand, *Cyrano*.

Pas mieux. Indépassable.

Qui a appuyé sur le bouton « *Eject* » ?

Avant d'essayer de comprendre pourquoi cette émission s'arrête alors qu'elle faisait d'excellentes audiences, en perpétuelle augmentation depuis neuf ans, qu'elle venait de passer devant RTL et ses *Grosses Têtes*, que son équipe était motivée pour continuer et que la qualité des chroniques était toujours appréciable et appréciée, essayons de voir *qui* l'a stoppée. Si ça se trouve…

La PDG de France Inter est Sibyle Veil. Elle en est à son deuxième mandat. Comme Macron. Elle est de la même promotion que lui à l'ENA, ils se connaissent bien, ils allaient au karaoké ensemble, mais ce ne peut pas être pour cette raison qu'une émission qui passe une partie de son temps à se moquer de Macron, et surtout de son monde, a été mise au placard du dimanche, d'ailleurs

Sibyle et lui ne se sont pas vus depuis des années, promis. La virulence des chroniques pendant la réforme des retraites, rien à voir, le succès rencontré auprès des auditeurs ? Non plus. L'équipe qui suit les mots d'ordre de grève contre cette réforme ? Penses-tu. De plus, Sibyle est suffisamment intelligente pour comprendre que, si elle faisait ça, elle passerait pour une carpette aux ordres, ce qui n'est pas imaginable pour une femme dont le parcours est pavé par l'indépendance d'esprit qu'enseignent les grandes écoles comme l'ENA. (*Est-ce ironique*, se demande l'égaré éditorial ?) Sibyle a aussi été conseillère de Nicolas Sarkozy à l'Élysée... Sarkozy qui est lui-même devenu un conseiller de Macron avec bracelet électronique à chaque cheville, mais... je ne vois pas de liens entre ces deux informations.

Elle est un peu copine avec Yannick Bolloré aussi, mais je n'imagine pas qu'elle se réjouisse qu'une bande de rigolos, qui passait l'autre partie de son temps à taper sur les chaînes du groupe Bolloré et plus généralement sur « l'esprit » qui les anime, disparaisse de son antenne quotidienne pour aller pourrir *Le Jour du Seigneur*. Ce serait une injure faite au vrai patron, plutôt très catholique pratiquant. *Le Jour du Seigneur* à ce point souillé par la présence d'anarchistes juste à côté ne peut la satisfaire. (*Mais... c'est ironique ou bien... ?*)

Reste cette phrase indéchiffrable, prononcée au moment de sa reconduction, dans une interview : « Les jeunes sont porteurs des révolutions d'usage et des révolutions culturelles qui finissent par s'imposer. Ce qui veut dire que, si on arrive à remporter cette bataille, on aura réussi à remporter toutes les autres. »

La bataille culturelle ? Diantre. Mais de quelle culture contre quelle autre ? Parce que ce qui domine en ce moment, c'est pas très joli. Si on parle de la culture de la dérision, en revanche, que je me sens légitime à commenter, on constate que, si elle se pratique toujours, elle s'exerce de plus en plus contre l'humanisme, la bienveillance, stigmatisant la méconnaissance supposée de bobos, qualificatif méprisant inventé pour, paradoxalement, disqualifier ces rêveurs perdus qui ne connaissent rien de la « vraie vie » et la naïveté de ces anti-France trop bien nourris qui ne voient pas le musulman clandestin caché dans l'ombre de sa mosquée qui remplacera les églises dans tous les villages de France si on fait rien Jean-Thérèse, je te le dis, je-te-le-dis ! Passe-moi le fusil et sus aux bicots !

Dans le domaine risqué de la vanne limite, le président de la République lui-même s'était laissé aller en parlant des embarcations de Mayotte, les kwassa-kwassa : « Ah non, elles pêchent peu, elles ramènent surtout du Comorien. » Le débat était rapidement passé de « blague honteuse et raciste » à « ouais nan, mais c'est vrai, Charles-Monique, ça ramène plus d'émigrés que de poisson, ces trucs, il a raison… C'est ça, le grand remplacement ! Mais on peut plus rien dire, avec la bien-pensance machin, là… »

C'est sûr que la domination culturelle de gauche a pris cher, si on compte le nombre d'émissions d'où émane le fumet rance des idées pourries sur les chaînes privées.

Ça veut dire qu'il y a un public pour ça. L'humour de droite moquant le migrant, le pauvre, le faible va fleurir. Mais nous parlerons de Gaspard Proust plus loin.

France Inter, nid de gauchistes, forcément que, par comparaison, du coup, ça s'entend.

Qui a donc pris la décision d'arrêter *C'est encore nous* et pourquoi ?

Est-ce Adèle Van Reeth ? La directrice fraîchement nommée à la tête de France Inter aurait-elle pris sur elle la décision de déplacer l'émission quotidienne ? Ce serait logique que, dans le cadre d'une discussion avec l'équipe – équipe avec laquelle une directrice a une plus grande proximité qu'une PDG avec ses employés –, la question de la pérennité, après neuf années de succès, soit posée. Il y a même souvent une complicité entre les dirigeants et les équipes de joyeux drilles. En tous les cas, à Canal+, on voyait plus souvent Alain de Greef que Lescure ou Rousselet. Adèle Van Reeth, en plus, est du métier. Elle présente et produit des émissions de radio ou de télé depuis quinze ans, elle sait l'erreur que constitue le déplacement d'un succès quotidien vers un hypothétique triomphe dominical. Le rôle d'une responsable des programmes – c'est ce qu'est une directrice – n'est pas d'organiser la débâcle mais de l'empêcher du mieux qu'elle peut. Non, elle ne peut pas avoir fait une telle erreur. D'ailleurs, elle avait déclaré que la décision d'arrêter venait de Charline et en semblait fort marrie, avant que Charline ne démente et qu'Adèle ne dise plus rien. Faut-il y voir la preuve qu'elle n'était pas au courant de ce qui se tramait ? Simplement mal informée ?

Elle est plus fine que ça, sinon comment saisir la stratégie de cette spécialiste des médias autrement qu'en se plongeant dans l'intégrale de *Gaston Lagaffe* ou la lecture de *Suicide mode d'emploi* ?

Hypothèse hardie que je soumets à ton nez creux, lecteur : sachant que c'est dans les situations tragiques que les comiques trouvent l'engrais qui nourrit le rire, les aurait-elle placés dans un tel inconfort que ce qui va en sortir sera grandiose et dévastateur pour les abus de pouvoir en tous genres et la corruption systémique qui gangrène ? Hélas, l'association Anticor, dont la lutte contre la corruption était la spécialité, a perdu son agrément, c'est bêta. Du coup, pour lutter contre la corruption d'un·e élu·e, il faudrait demander la permission… à l'élu·e. Un paradoxe qui aurait été souligné et moqué, c'est sûr.

Le parcours d'Adèle est solide, elle a une formation de philosophe et j'en déduis que l'indépendance d'esprit, l'autonomie de pensée et la recherche de concepts nouveaux sans préjugés, le libre arbitre, le respect des choix et la franchise sont au cœur de sa formation à elle aussi. Comme Sibyle. (*Nan, allez, arrête ménant, c'est ironique ou pas ?*) D'ailleurs, elle l'a dit très clairement : « La décision n'est pas politique. » Comment douter de sa sincérité ?

Du coup, si ce n'est pas à cause de l'audience excellente, si la qualité n'est pas en cause, si ce n'est pas la décision de l'équipe de passer à autre chose et que ce n'est pas non plus politique, ça laisse peu d'explications possibles.

Je ne vais pas psychologiser, je reconnais humblement ne pas avoir le niveau, mais je vais vous parler de mon expérience, même si elle ne vaut pas statistique.

Appointé pour ricaner

En 1994, j'ai découvert l'écriture sous contrat. Canal+ m'a fait un CDI. Même si le plus gros de mes revenus était tiré par ailleurs des droits d'auteur, je suis devenu employé de bureau. Dans l'imaginaire collectif, un auteur n'est pas un employé de bureau. Un auteur, c'est comme un écrivain, et un écrivain, c'est pauvre, ça vit libre, ça se lève aux aurores ou se couche à pas d'heure, ça fume trop de cigarettes, ça porte une robe de chambre molletonnée et ça vit dans une mansarde envahie d'odeur de café et de ses copines les souris. Moi, j'avais un bureau très propre, des assistantes, un revenu fixe et confortable, et l'obligation de rendre à heure invariable une émission cinq jours sur sept. J'avais le statut de cadre. Papa et maman, ouvriers depuis toujours, rêvaient d'ascension sociale et auraient été fiers. Ils m'auraient sans doute conseillé de mettre de l'eau dans mon vin, ne plus dire du mal de nos dirigeants pour ne pas perdre ce statut enviable de « gens des bureaux » (c'est comme ça que maman appelait les employés administratifs) et comme ils n'étaient pas avares de lieux communs, m'auraient sans doute dit : « Ne mords pas la main qui te nourrit. »

Et ils auraient posé la bonne question : en quoi un auteur peut-il garantir à son auditoire qu'il est libre d'écrire ce qu'il veut quand il est rémunéré par une entreprise privée dont l'objet est le profit ? *Quid* de sa crédibilité ? Surtout quand cet auteur écrit une émission satirique à base de caricatures dans la grande tradition des satiristes du XIXe siècle comme Honoré Daumier ou Charles Philippon (à qui on doit la célèbre caricature de Louis-Philippe métamorphosé en poire), ancêtres caricaturistes qui risquaient la mort pour changer le monde, là où je risquais au pire un blâme du CSA, ancêtre de l'Arcom.

Deux problèmes sont apparus alors que je devenais satiriste appointé : 1/ Gérer ma liberté tout en gardant un œil sur le propriétaire de la main qui remplit la gamelle ; 2/ Vérifier que la longueur de la chaîne garrottée à mon cou permet de me sentir « libre » sans me mentir plus que *raisonnablement*[7]. Deux contraintes intéressantes.

C'était une entreprise privée qui me payait et elle faisait bien ce qu'elle voulait de son argent. Il n'empêche que j'avais les mêmes crétins excités en face de moi que mes copains du service public, eux subissent le classique « On les paye avec nos impôts ». Moi, c'étaient les petits actionnaires : « Ils nous feront perdre nos économies à terme si on les laisse se moquer de Canal+ » !

---

7. François Cavanna, « La liberté consiste à faire tout ce que permet la longueur de la chaîne », *4, rue Choron*, Paris, éditions Hara-Kiri, 1965. La phrase a fini sur des tee-shirts promotionnels.

Vous n'imaginez pas la hargne des petits actionnaires quand l'action baisse et qu'ils attribuent ça à une blague sur une fusion avec un quelconque opérateur puissant du secteur. Ces verrues prennent les cinquante actions qu'ils possèdent pour une rente alors qu'ils ne touchent qu'un pourboire. Ils votent aux assemblées générales mais sont minoritaires. Il faut quand même les choyer et répondre gentiment à leurs interrogations une fois par an, avec une convocation sur papier glacé et petit mot du président, ça conforte tout le monde dans l'idée que tout ça est démocratique. Si ces serviles auxiliaires savaient le mépris dans lequel les gros actionnaires les tiennent, ils foutraient peut-être tout ça en l'air, après tout ils sont pour la plupart au fait de ce qui se passe dans une assemblée générale d'actionnaires.

Il faut compter sur une notion qui explique peut-être pourquoi on supprime des émissions de rigolade : « La crétinisation des mieux éduqués, [qui] est extraordinaire », selon Emmanuel Todd. Comme je ne suis pas anthropologue, ni philosophe, ni historien… comme lui, parlons cinéma pour essayer de comprendre pourquoi *Les Guignols de l'info* et *C'est encore nous* ont disparu des radars.

Idiocracy et *Don't look up*

Idiocracy, c'est un film potache sorti en 2006. Une comédie américaine – d'où le « cy » – lourdingue, qui était censée montrer le monde dans cinq cents ans, dirigé par des idiots auxquels aucun domaine de l'activité humaine n'aurait échappé. Le plus *moyen* des Américains moyens, cryogénisé cinq cents ans plus tôt, oublié et décongelé par inadvertance, devenant de fait l'homme le plus intelligent du monde. Ce n'était pas censé devenir une réalité et un style de vie quinze ans après sa sortie. L'idiocratie a visiblement envahi la planète à la vitesse d'un blob. Dans le système idiocratique, seul le malin s'en sort. (Parenthèse. Si on regarde mon parcours objectivement, je suis plutôt malin : je pars de Saint-Étienne en ayant quitté l'école à quinze ans et à l'arrivée, je suis accusé d'avoir fait élire un président de la République – j'y reviendrai plus loin. J'ai toujours dit que « non, c'est pas moi ». J'ai un peu menti.)

L'idiocratie est matérialisée par les petits malins qui se sont faufilés jusqu'à des postes pour lesquels ils n'ont aucune qualification. Beaucoup de ces idiots donnent leur avis publiquement sur tous les sujets avec un CAP de cuisine (ce qui est respectable mais pas forcément pour évoquer la biologie moléculaire et les virus) ou viennent du commentaire sportif (ce qui est également respectable mais pas spécialement pour s'exprimer sur la géopolitique dans les Balkans et les flux migratoires). Les plus idiots de ces idiots diront que je n'ai aucune compétence pour écrire un livre. Ce sera un bon moyen de les reconnaître, avec le simpliste « c'est toi l'idiot surtout ». L'aboiement ayant pris le pas sur l'argument et toute phrase de plus de cinq secondes étant immédiatement coupée par un contradicteur jappeur, comme dans le film sus-cité, il n'y aura pas de débat à ce sujet, mais une question : l'idiocratie constitue-t-elle le socle sur lequel tout le reste repose ?

L'idiot à tous les postes de responsabilité, on y est presque. Politiques et dirigeants, journalistes et philosophes : ça pullule. Ça va du soumis craintif à l'enflure sans scrupule. Ce serait risible si l'idiot était seul, mais il y a toujours le salaud derrière l'idiot, toujours. Le salaud a souvent un vernis de culture supérieur à l'idiot instruit et s'en sert pour l'asservir et on se retrouve avec des émissions de télés super marrantes ou personne ne se prend la tête – *Tavu, les nouilles dans le slip sa mère comment j'ai golri, en PLS les intellos.*

Je traite tout le monde d'idiot ? Ne soyez pas idiot. Faites le tri.

Les rigolos qui veulent faire de l'humour tout en faisant un peu réfléchir, et de temps en temps seulement, en bossant leurs interventions, en écrivant des textes ? Mais quels prétentieux, quelle morgue. Ils pensent quoi, ces comiques, qu'ils possèdent le savoir de… d'Universal Music, c'est bien comme ça qu'on dit ?

Le Savoir et le Doute sont les deux choses les plus utiles pour voyager dans la vie. Le Savoir parce qu'il est censé rendre libre, et le Doute parce qu'il permet de remettre en permanence ce Savoir à jour.

Quand je faisais l'ouverture de *Nulle part ailleurs*, j'ai eu l'honneur de recevoir Umberto Eco. J'avais lu *Le Nom de la rose* et *Le Pendule de Foucault*, mais lorsque je me suis penché sur sa biographie, j'ai été pris de vertige.

Cet homme était l'incarnation de l'Érudit. Universitaire, auteur prolifique, romancier, scénariste, sémiologue, critique, traducteur en six langues, membre de dix universités et de mille académies, s'intéressant à tout et bourré d'humour. Je voulais être lui. Dans mon papier d'introduction, j'ai donc choisi un axe d'inculte : « Vous savez tout sur tout, mais pouvez-vous me dire qui est le gardien de but remplaçant de l'ASSE ? » ; sa réponse fut une fulgurance : « Non, j'ai renoncé à tout savoir. » Il fallait que cela vienne d'un homme comme lui pour que la réponse soit brillante, c'est une phrase que l'on ne peut prononcer que lorsqu'on sait tellement de choses que votre savoir lui-même devient un sujet.

Dans une société idiocratique, une certitude scientifique vaut une croyance. Un avis, un fait. De plus, il n'y a pas de certitude scientifique, le scientifique doute et remet en cause, tout, tout le temps. *Croire en la science* est un oxymore. Les preuves que le libéralisme crée des inégalités insupportables et contribue à la destruction de l'écosystème qui permet à notre espèce de vivre sous des climats « tempérés » sont légion, mais la croyance que le génie humain de ce même libéralisme va régler le problème l'emporte. On peut être intelligent et très con, c'est désespérant.

Parmi les pires des idiots, il y a les idiots méchants. Je me demande s'ils jouissent vraiment de cette violence qui émane d'eux ? Sur les réseaux ils pérorent, forts du sentiment de supériorité que leur confère l'hébétude qu'ils suscitent. Prennent-ils le silence sidéré pour approbation ? Possible.

Quand ces idiots tombent sur un idiot plus idiot encore, ils s'inclinent respectueusement devant lui et en font une icône. Ils votent pour lui, fascinés par l'idiotie de celui qui parle bien. L'idiot a accédé à la position haute dans la société. Non pas qu'il se soit élevé, mais parce qu'il a rabaissé la société entière. Il l'a mise, comme l'écrivait Cavanna dans un article fondateur en 1970, dans l'*Hebdo Hara-Kiri* : « à hauteur de cons. [...] tout est fait pour les cons. L'homme est la plus belle conquête du con[8] ».

C'est, je crois, ce genre de paradoxes que mettait au jour une émission comme *C'est encore nous*. Ou comme *Les Guignols*. Et peut-être que ces émissions apportaient un peu d'optimisme dans ce sable mouvant qu'est devenu le monde. Très honnêtement : qui voit une porte de sortie à cette absurdité ?

Don't Look Up (« Ne lève pas les yeux », comprendre : « ne regarde pas le danger qui se pointe »), succès Netflix planétaire, met en scène avec un brio et une dramatique drôlerie le déni et l'incompétence des dirigeants, les intelligents médiocres, les consciences qui s'accommodent de tout, le leurre que représente la technologie confisquée par des multimilliardaires stupides, ainsi que le sens des priorités chez les politiques arrogants. *Don't Look Up*, on est en plein dedans, c'est pas les scientifiques du GIEC[9] qui diront le contraire.

---

8. Cité dans François Cavanna, *Cavanna par Cavanna*, Paris, Albin Michel, 1992.
9. Groupe d'experts intergouvernemental sur l'évolution du climat.

Dans cette situation, tuer le bouffon parce que *Le roi n'avait pas ri* (excellent livre de Guillaume Meurice sur le sujet) est totalement contre-productif.

L'apaisement que créent les humoristes politiques est insoupçonnable : quand on rit ensemble de ce qui nous oppresse, on se bagarre moins. Les soupapes qu'ils ouvrent en permanence quand l'insupportable nous frappe sont inestimables, les Savoirs qu'ils nous communiquent de façon subtile, par le rire, ces Savoirs qui devaient justement nous libérer des idiots, nourrir l'humanité de Raison bienveillante, sont puissants et utiles. Une fois détruits ces régulateurs d'harmonie, on se retrouve dans des angoisses qui ne trouvent plus de porte de sortie, on est dans les ronces et on essaie de s'échapper en courant. Il est facile de dire que votre pouce peut vous sauver et que le bouton Stop de la télécommande est le bouton magique. Mais activer ce bouton ou arrêter de fumer, c'est plus facile si on se fait aider. Aujourd'hui, vous avez ce livre dans les mains, ou votre liseuse. Pas de télé. Pas de smartphone, pas de radio. Un lien. Rien que nous deux.

Être payé pour critiquer, un bien joli métier ?

Bien sûr, on a le droit de s'interroger, comme beaucoup le font au sujet du service public, sur la pertinence d'écouter des ricaneurs professionnels subventionnés propager des idées auxquelles on n'adhère pas.

La question ne se pose que pour les idées de gauche et humanistes au sens large, c'est-à-dire celles qui prennent en compte en premier l'aspect humain et non pas les principes. La garantie d'une subvention pour le service public donne la liberté de ton. Si on conditionne la garantie, il n'y a plus de liberté. Le « oui, mais quand même, on peut discuter de ça, négocier… » est pervers. Non ! Pas d'arrangement. Liberté, c'est liberté, pas : liberté, mais… Il y a suffisamment de stations de radio privées dans lesquelles elle est conditionnée par la charte interne ou le bon vouloir du patron.

S'en prendre à ceux qui ont du pouvoir est un droit et le seul devoir d'un citoyen dans un État de droit est de respecter les lois qu'on s'est choisies en commun en votant. Et si on n'est pas contents des lois, on peut voter différemment à l'élection suivante. Par exemple, en 2017, les électeurs avaient porté monsieur Macron et madame Le Pen au second tour. Ils n'étaient pas contents de ce choix, ils trouvaient que le débat sur un choix de société n'avait pas été tenu alors qu'il était nécessaire. Eh bien, dès l'élection suivante, en 2022, ils ont… (…) OK… Là, c'est un mauvais exemple, j'en conviens.

Si le vote est confisqué par des roueries de communication ou une uniformisation de l'offre politique, et que les lois sont changées pour rendre légal ce qui était un délit (surveiller la vie privée, espionner le public, empêcher la diffusion d'information, tirer pour un refus d'obtempérer, activer les caméras et micros de nos smartphones à distance et au bon vouloir de l'autorité policière, etc.) alors les émissions satiriques sont presque les seules à pouvoir le dire puisque les journalistes, censés informer le public électoral, font partie du problème.

Si on supprime la voix discordante, on ne gagne que la colère rentrée, la pire, celle qui aigrit les cœurs et tourne le sang.

Il n'y a pas d'autres devoirs que respecter la loi. Pour tout le monde. Les *devoirs* dont parlent les malfaisants, qui les agitent comme un livre saint alors qu'ils ne sont gravés nulle part, c'est la morale et c'est l'intime. Publiquement, on ne doit rien à personne que de respecter la loi. Quand quelqu'un essaye de vous vendre les devoirs avant les droits, il a de très mauvaises intentions.

Pour autant, le droit à la caricature est-il sacré ? Je n'ai jamais canonisé le droit à la caricature, ni érigé ce droit en totem indépassable par principe.

La caricature peut servir des causes abjectes. La tête du Juif Süss, dans laquelle le régime nazi proposait de reconnaître les caractéristiques physiques des Juifs, est le paroxysme de cette abjection. C'était pas marrant ? Je crois que les Allemands de l'époque se marraient pas mal en regardant les affiches. Aujourd'hui, les vannes racistes d'un Papacito sont suivies par beaucoup de gens qui trouvent ça « marrant », les vidéos où il tire sur des effigies d'élus pour mettre symboliquement à mort des gauchistes. *Le* Musulman a remplacé *le* Juif comme cible principale, c'est tout. Si j'étais juif, je ne m'en amuserais pas.

Poser la question : y a-t-il un « mauvais » humour et un « bon » humour ? Et ce « bon » humour est-il forcément

« de gauche » parce qu'il s'attelle à l'humanisme plutôt qu'à l'avilissement d'une partie de la population ? Il y a un pas que je franchis fastoche.

La droite n'a pas d'humour, la droite ricane. La droite n'a pas d'esprit, elle a la blague militaire et virile, la droite n'est pas universelle dans sa rigolade, elle a des cibles : le pédé est une cible traditionnelle, aujourd'hui le non-genré, la femme, la personne en situation de faiblesse apparente, le chômeur, le migrant, et l'écolo, qui est honni plus que celui qui pollue et détruit la planète. Et même s'il fait attention, parfois le « bon humour » dérape, glisse dans la facilité quand l'inspiration le quitte. Parfois il joue à se montrer pire que ceux dont il se moque pour en caricaturer la stupidité. Bedos et Coluche faisaient ça souvent en jouant des personnages de « gros cons ». Eh bien, les « gros cons » les aimaient beaucoup.

C'est dans ces moments que le travail paye, le travail, c'est plus fort que l'inspiration, quand l'inspiration ne travaille pas assez. Aux *Guignols* nous étions plusieurs auteurs, toujours un pour surveiller les autres. Ça nous a souvent empêchés de glisser. Pas à tous les coups, je vais y revenir.

Quand on chronique chaque jour à la radio ou à la télé, se reposer uniquement sur l'inspiration mène aux émissions de commentaires qui ont poussé comme du chiendent dans notre société idiocratique.

Les émissions quotidiennes de satire ont disparu des antennes, remplacées par des émissions sans « prise de tête », et surtout bien moins chères à fabriquer.

Il n'y a peu ou pas d'auteurs dans ces émissions, mais des chroniqueurs multitâches. Pour justifier ce tournant, les propriétaires de chaînes invoquent les nouvelles interactions avec les publics/auditoires, supposées plus complexes, les podcasts, les réseaux sociaux. Dans leur esprit, ça veut dire : « Ils sont bêtes à manger du foin, donnons-leur du foin en quantité sinon ils vont aller dans le champ du voisin. » Le cercle vicieux est en place.

Sibyle Veil a gagné sa bataille culturelle, alors ? Et pourquoi a-t-elle arrêté *C'est encore nous* ?

Dans les batailles que les opposants mènent contre les systèmes, ils doivent, c'est vrai, d'abord gagner les batailles culturelles. Le pamphlet est une arme efficace pour remporter les batailles humanistes *contre* les oppresseurs. La censure, même quand elle ne dit pas son nom, aide à gagner les batailles menées *par* des oppresseurs. Pour le reste, l'imbécillité, vendue à longueur d'année comme étant fun, a fait le boulot pour rendre le pire acceptable.

Bataille culturelle perdue.

J'exagère ? Une cagnotte pour soutenir un policier accusé du meurtre d'un ado de dix-sept ans pour un refus d'obtempérer, lancée par un radical d'extrême droite, a recueilli à l'heure où j'écris ça un million et demi d'euros. Vu le nombre de donateurs et le silence des autorités, il s'agit d'un marqueur important. Bataille culturelle perdue.

Faire des économies, y compris de réflexion, est à la mode. Investir dans une émission satirique quand on est un média public, c'est investir dans l'intelligence de son auditoire, et c'est plus cher que la déconne pure autour d'une table. Il faut payer des auteurs. Pourquoi ? Parce qu'un auteur est une valeur ajoutée pour le commentaire d'un événement. Un comédien est une valeur ajoutée pour interpréter ce qu'un auteur a écrit. Un metteur en scène est une valeur ajoutée à la façon dont ce comédien va interpréter les mots d'un auteur. Mais ça fait trois fiches de paie. Un chroniqueur n'a besoin que de son ressenti et de son talent de bateleur autour d'une table pour occuper l'espace médiatique. Soit une seule fiche de paie. Aussi simple que ça.

Il y en a des bons, je ne le conteste pas. « Comme les poissons volants, ils ne constituent pas la majorité du genre[10]. »

« C'est bête mais c'est fait exprès, enfin, môssieur... On rit de la bêtise au second degré, on n'est pas bête vraiment, on joue à être bête avec une récurrence inaltérable, constante et pour l'éternité, c'est tout. »

Trouver la bêtise divertissante est un plaisir de cynique. Coluche (« Le CRS arabe ») et Bedos (« Vacances à Marrakech ») faisaient exprès d'être bêtes et ils le faisaient exagérément, lucidement, il était clair qu'ils se *moquaient* de la bêtise en incarnant un personnage bête. Seule une minorité prenait les sketches au premier degré.

J'ai souvent entendu des *gens de télévision* dire : « Ouais, mais là, la boulangère de Périgueux, elle va pas comprendre. » Avec *Les Guignols*, et plus généralement

10. La réplique est de Michel Audiard, dialoguiste du film de Henri Verneuil, *Le Président*, 1961.

à Canal+, le pari était contraire. Non seulement elle comprend, mais elle aime comprendre. Il me semblait qu'Inter tenait cette ligne aussi. Aujourd'hui ? Je n'écoute plus, sauf peut-être le dimanche.

L'émission de cette bande de marrants faisait-elle du mal ? A-t-elle seulement fait élire un président de la République, elle ? A-t-elle empêché une réélection, elle ? A-t-elle endigué la montée d'idées qui sentent mauvais de la gencive ? Non. Comme dit Charline, on a des épées en mousse et on chatouille sous les pieds, rien de très grave.

Alors, c'était quoi la raison de cet arrêt ? C'était devenu moins drôle ? Moi et un million trois cent mille personnes, ça nous faisait rire. Pourtant…

Ce qui me fait rire par exemple, c'est l'humour méchant. L'humour qui peut blesser. Je dois avoir mauvais fond, même si je suis plutôt un garçon gentil. (Pardon, oui, j'écris « garçon », mais c'est parce que je me définis comme un homme de sexe mâle, je sais que c'est réducteur et que rien ne permet de dire que je suis un homme, à part ma volonté farouche – et, du coup, forcément suspecte –, de le décréter ; mais je préfère prendre des précautions et ne pas froisser les personnes lesbiennes, gays, bisexuelles, transgenres, queer, bi-spirituelles ou ayant d'autres identités ou expressions de genre, ou même qui sont simplement marginalisées socialement de quelque façon que ce soit à cause de leur identité, mais sans s'y limiter non plus, ou qui seraient par exemple… heu… amphigouriquement brumeuses et alambiquées ?)

C'est encore nous, c'était plutôt un humour bon enfant, *a priori* pas ma tasse de thé quotidienne. L'humour peut faire mal. Je pense même qu'il le doit. Ce n'est pas grave. La question de la douleur est intimement liée à la pratique de l'humour. La tradition française du théâtre de boulevard chez Labiche, Courteline, Feydeau, Guitry… met souvent en scène le cocu, la tromperie, et fait rire à ses dépens. Quoi de plus cruel que ça ? Quoi de plus cruel que de rire dans le dos d'un homme ou d'une femme trompé·e et qui souffre, qui a mal ?

Précision avant que je ne me ridiculise ici : il n'y a pas d'exercice plus périlleux que de parler d'humour au lieu d'en faire. Jankélévitch et Bergson ont saoulé des générations de thésards avec *L'Ironie*[11] pour le premier et *Le Rire*[12] pour le second. Pourtant il faut les avoir lus pour comprendre le proverbe populaire : « Ceux qui savent le faire le font ; les autres l'enseignent. » J'ai déjà publié ce que vous allez lire dans un article[13] qui, resté confidentiel, m'autorise à lui donner une deuxième chance – encore plus confidentielle.

De l'ironie au grotesque en passant par l'absurde ou la parodie, le rire se déclenche toujours aux dépens de quelqu'un ou d'une institution incarnée représentant des gens. Ce quelqu'un ou cette institution a le droit de ne pas trouver ça drôle parce que ça lui fait mal. Pourtant, d'autres tireront une source d'allégresse joviale de ce rire à ses dépens. Ça leur fera du bien. Sa douleur devient

---

11. Vladimir Jankélévitch, *L'Ironie*, Paris, Flammarion, 1979 (1re édition, 1936).
12. Henri Bergson, *Le Rire. Essai sur la signification du comique*, Paris, Félix Alcan, coll. « Bibliothèque de philosophie contemporaine », 1900.
13. Revue politique et parlementaire. Juillet/septembre 2020. P. 95 à 98

source de joie. La personne ou l'institution doit-elle s'en réjouir ? Pas forcément, mais accepter ce moment douloureux, sans doute. La nuance est dans la récurrence. Une fois, dix fois, cent fois taper sur la même tête ?

L'autodérision est souvent glorifiée comme seule forme d'humour qui échappe à la méchanceté envers autrui. C'est un leurre. Pratiquée par quelqu'un qui se connaît bien, l'autodérision est la plus violente des formes de l'esprit caustique. Au-delà du rire – que l'autodérision ne déclenche jamais chez celui qui s'auto-vanne – elle vous mènera en psychothérapie et, pour peu que votre psy soit bon, au suicide par excès de lucidité. La lucidité étant un des symptômes les plus marquants de l'intelligence, le suicide serait une des formes les plus abouties de l'humour. Ou, plus simplement, le syllogisme est-il un attrape-couillon ?

Existe-t-il un humour – en démocratie où on peut censément s'exprimer sans autres limites que celles que la loi impose – qui soit à la fois bienveillant et pertinent, respectueux de tout le monde, de toutes les idées, consensuel et acceptable, et super drôle sur une chaîne de service public, en dehors du dimanche où personne n'écoute ?

Il n'y a pas d'humour consensuel simplement parce que s'il y a humour, c'est qu'il y a crise. Chômage, Covid, tremblement de terre, terrorisme, assassinat, cocufiage, religion, infirmité, maladie... glissade sur peau de banane, c'est la même chose : quelqu'un, à des degrés divers, souffre. Peut-on rire quand des milliers de gens affligés par un malheur se désespèrent ? Oui. Peut-on rire si par bonheur on a été épargné par cette souffrance ? Oui. C'est cruel ? Oui. Méchant ? Oui. Qui peut juger si c'est drôle ? Personne. Nous seuls. C'est nous les juges. On a ri, c'est drôle, on n'a pas gloussé, c'est pas drôle. Il n'y a pas de tribunal avec une chambre spéciale « bon goût ». Le reste relève de la gestion du timing. Trop près de l'événement, ça peut rebuter le citoyen délicat ; trop loin de l'événement, on risque l'indifférence. Ça relève aussi de la conscience de chaque comique. Faire rire avec les malheurs des faibles ou avec le pouvoir des riches ? Par exemple, une blague m'a fait rire après le massacre de Charlie Hebdo par des terroristes islamistes. C'était à la radio, à peine quelques jours après le massacre, je reconnais ne plus savoir laquelle, ni le nom de l'auteur de la blague, et si je le savais, je ne le dirais pas, parce qu'il n'a peut-être plus envie d'en entendre parler aujourd'hui, il pourrait être mal jugé... Il avait dit un truc comme : « Ils sont tombés sous les balles, sauf Wolinski qui est mort de vieillesse pendant l'attaque. » J'avais pensé : « Waouh, osé et... drôle. »

Cabu, Charb, Tignous, Honoré, Wolinski... on avait participé ensemble à un livre : *La Success Story du président*[14]. Que leurs mémoires vivent pour toujours. Celle de Bernard Maris aussi, et celles de tous les autres.

Enfant d'*Hara Kiri* et de son rire libérateur, je souscris sans réserve à ce qu'écrivait François Cavanna dans les années 1980 : « L'humour est un coup de poing dans la

14. Collectif, *La Success Story du président*, Paris, Hoebeke, 2006.

gueule [...] rien n'est tabou, rien n'est respectable, pas même ta mère, pas même les martyrs juifs, pas même ceux qui crèvent de faim[15]. » Et j'ajouterais une maxime prêtée à Picasso : « Le pire ennemi de la création, c'est le bon goût. » Il y a maintenant des comiques de droite que le bon goût n'étouffe pas, c'est évident. Je les trouve mauvais, mais qu'ils s'expriment !

Petite incise : Picasso avait un comportement horrible avec les femmes, manipulateur, harceleur, tortionnaire, violent, ingrat, peut-être violeur... Je ne voudrais pas froisser les femmes, ou les hommes, ou les transgenres, ou les bisexuel·le·s, ou n'importe quelles victimes de ce genre d'individu ! Je ne cite ici qu'une maxime, j'avoue que je regarde l'œuvre aussi. À part brûler ses tableaux et ses musées ou remonter le temps pour lui faire adopter un meilleur comportement, je ne vois pas ce qu'on peut faire de plus que *dire*. Les satiristes, sur ce sujet par exemple peuvent être des passeurs, pour les générations d'artistes qui arrivent. « Les toiles ? Top ! Le gars ? Un salaud. »

Quant à la question tarte à la crème « Peut-on rire de tout ? », la réponse est : « On ne peut rire *que* de tout. » Car c'est bien parce qu'on a déjà ri de tout que la question est posée : « Vous êtes allé trop loin, là ! On ne peut pas rire de tout, môssieur ! Peut-on rire de tout ? Je vous pose la question, môssieur ! Vous trouvez ça drôle, vous, un cancer des testicules chez un cycliste ? Je suis moi-même cycliste, môssieur ! »

15. François Cavanna, *Bête et Méchant*, Paris, Belfond, 1981.

L'époque exhorte le marrant à la mesure. Chaque catégorie d'individu ayant obtenu une protection juridique a son périmètre. Le moquage devient périlleux. Il faudrait égratigner avec élégance. Se gausser avec raffinement. Ne pas blesser. Et crotte. La quintessence de la modération élégante, c'est Plantu. Jean Plantu est un bon dessinateur, incontestable, il a un trait, une patte, il est au moins encore aussi bon que Jacques Faizant… mais Plantu est chiant, prévisible, convenu. Cette « élégance » prestigieuse cache une platitude du propos et une approche en toute circonstance consensuelle, due à une fainéantise intellectuelle que rien n'égale, à part un discours électoral de centriste. C'est-à-dire la Une du *Monde*.

Le rire, le vrai, déchire les zygomatiques, coupe le souffle, décroche la mâchoire et n'est jamais de bon goût. Il n'a pas le temps. « Quand même, il y a des choses sacrées, vous allez trop loin », combien de fois ai-je entendu ça quand je travaillais comme auteur aux *Guignols de l'info* et combien de fois a-t-on reproché à la bande à Charline d'avoir la vanne trop orientée ? J'ai lu un article[16] dont l'auteur dit qu'il a été puni et qu'il a dû écouter la chronique de Charline tous les matins dans le 7/9 d'Inter pendant une semaine. Il lui reproche de ne pas être drôle, et trop politique, et trop orientée, etc. Sauf le jour où elle parle du traité de libre-échange entre le Canada et l'Europe, et que l'auteur, « salement europhobe », dit-il,

16. Marc Cohen, « Peut-on rire avec Charline ? », *Causeur*, 15 novembre 2016.

trouve ça marrant, pour une fois. Il conclut par : « Le parti pris, gros malheur. Pas vrai, Charline ? »

C'est l'ordinaire des reproches : humour orienté. Et alors ? Sur vingt-quatre heures d'antenne, ces trois minutes sont salutaires et elles permettent à un journaliste de *Causeur* qui n'aime pas ça de faire un papier, à charge et orienté. Prouvant au passage que oui, il y a des endroits et des publics pour chacun. Dans son journal, il est à sa place, son lectorat a dû se dire : « Chouette, il a bien raison. » ; comme les auditeurs de Charline avaient dû se dire : « Chouette, elle a bien raison… et en plus elle est drôle, elle. » Orienté, ça ne veut pas dire contre la droite, mais contre le pouvoir du moment et les salopards qui le confisquent ou en abusent, ou tapent dans la caisse, ou s'en servent pour corrompre. Se moquer du pouvoir est salubre et hygiénique. Si le pouvoir est de droite, alors la droite ramasse plus que la gauche. Pour info, depuis 2007, c'est un pouvoir de droite. Hollande ? Me faites pas rire, je n'ai plus d'humour, j'ai tout vendu à Canal+, très cher.

Petite précision à ce stade, je ne suis pas et n'ai jamais été humoriste. Je suis auteur. L'humoriste fait lui-même rire, les meilleurs – dit-on – en lisant le bottin, les autres avec leur physique, leurs mimiques : l'humoriste est drôle s'il fait bien son travail. L'auteur, lui, tire la langue pour inventer et écrire des situations, et il ne peut qu'espérer faire sourire ses lecteurs : c'est ce qu'il écrit qui est parfois drôle. Pas lui. La preuve. Je me suis essayé à l'exercice humoristique avec l'édito de *NPA*. Et à la radio aussi. Je vais en parler.

L'humour ne doit pas avoir de limites et tant pis s'il blesse. Ça ne veut pas dire blesser n'importe qui. Il y a un code d'honneur. Non écrit, bien sûr. Il se transmet entre seigneurs de la bouffonnerie. Et il n'est pas sacré. Il dit ceci : le plus faible n'est pas une cible principale. Ceux qui ne connaissent pas ce code, qui n'en ont jamais entendu parler et qui seraient tentés d'en nier l'existence, ne sont simplement pas des seigneurs. Tu peux te moquer du faible, bien sûr, mais t'insistes pas. Par exemple, quand la planète crève de la connerie humaine, de la surconsommation et de la marchandisation de tout, tu peux te moquer de l'écolo en Birkenstock qui bouffe du boulgour dans le Cantal. Mais t'insistes pas. Pareil pour le migrant, pour le mal-instruit, ou Marlène Schiappa, ils ne sont pas responsables de leur malheur. Oui, Schiappa… rien n'est sa faute, on voit bien qu'elle a un problème, cette enfant, laissons-la vivre sa vie, devenir adolescente, grandir tranquillement, lire des livres, s'instruire, se forger une culture politique, voyager un peu, rencontrer du monde et passer son bac, ensuite on la jugera. Dans un tribunal, je veux dire.

L'humour est traditionnellement une arme de l'esprit que les plus faibles emploient contre les plus forts. Désespérément. Le faible, en se moquant, place-t-il pour autant le fort dans la position de faible ? Non. De faiblesse passagère dans le meilleur des cas. C'est en cela qu'on dit que le rire soulage. Mais il ne change rien à l'ordre des choses, il vaut mieux le savoir. Le fort reste le plus puissant par les moyens qu'il a d'exercer sa puissance :

l'argent, le temps, la presse, la police, l'armée, l'exercice de la « violence légitime »… bref, le Pouvoir. Un argument, que les forts emploient pour essayer de faire taire la satire qui les égratigne, est l'évocation d'une noblesse du rire, une grandeur d'âme de l'ironie – tout cela serait affaire de bienséance, de culture, de pensée, de communs créant du liant en bonne intelligence, le tout sous la protection de saint Raymond Devos en totem bienveillant. Je persiste : le rire est un réflexe de survie du faible vis-à-vis du fort. Quand le pauvre rit, il désarme le fort, mais… il perd quand même à la fin. Un éclat de rire contre un éclat d'obus venu d'un drone invisible, combat inégal. Mais le rire rééquilibre ce combat pendant un temps qui n'est pas négligeable et qui fait du bien.

La bande à Charline fait l'expérience *in vivo* du pouvoir qui brise, sans les coups de matraque. La violence atténue un peu la pratique de l'humour, semblerait-il. A-t-on vu beaucoup de Gilets jaunes à l'œil crevé faire des vannes pendant que la police les traînait par les cheveux ? Le sens de l'humour se perd au contact de la violence pour celui qui la subit, et se déclenche parfois chez celui qui l'exerce : « Ça va, neuneuil ? T'es venu perdre l'autre ? Pour la prochaine manif, je te prête mon chien ? » L'humour policier, c'est comme la poésie militaire, faut être du sérail pour bien apprécier le truc.

N'empêche, si le faible, par la puissance de son esprit rageur, rend le fort moins fort rien qu'un instant, il a rempli sa mission. La tête impassible de Darmanin (mais il y a eu gargouillis stomacal), dans la matinale de France

Inter pendant un billet de Charline et Guillaume, restera une preuve de cette affirmation : les deux gros malins revenaient sur le parcours de celui qui sera le ministre de l'Intérieur : « Tu commences au RPR : jeune, tu étais déjà vieux… » Ils lui rappellent ce qu'il disait de Macron quelques années avant d'en être le ministre : « Son élection plongera la France dans l'instabilité institutionnelle et conduira à l'éclatement de notre vie politique. » Ils concluaient par : « T'es un visionnaire, Gérald, c'est bien. » Le passage où le gargouillis s'est entendu le plus, c'est celui de l'évocation de ses casseroles… Plainte pour viol : non-lieu ; abus de faiblesse : classé sans suite. Effectivement, si la nouvelle patronne de France Inter ne voulait plus entendre ce genre de chose (le sketch sur Aurore Bergé était aussi stupéfiant), le mieux, c'était de les arrêter. Pourtant Darmanin est assez grand pour se défendre, et Aurore Bergé, c'est… Aurore Bergé, quand même, elle est… c'est Aurore Bergé.

L'humour qui s'exerce contre ceux qui souffrent plutôt que contre les responsables de la souffrance est un humour bourgeois. C'est celui qu'on voit prospérer depuis quelques années. Ça a commencé par les railleurs appointés de Gilets jaunes. Ils ont fleuri en jeunes ambitieux, pourvoyeurs de rire conventionnel, dont ils tirent aujourd'hui une reconnaissance de salon télévisuel. Puis la cible a changé, devenant le contestataire en général, le manifestant, la féministe virulente, l'écolo, la gauche. Les appointés du jour ont la reconnaissance du ventre, ils sont loyaux. Bien payés, ils lèchent la main

qui les nourrit. Ils n'y sont pas obligés, ils pourraient se contenter de dire qu'ils ont été engagés pour leur talent et pour des critères de liberté d'expression, les seuls qui régissent les médias et sont définis par la loi : interdiction de l'injure publique, de la diffamation, de l'appel à la haine raciale, de l'antisémitisme ou de l'apologie de la pédophilie, par exemple. Mais j'ai bien senti que quelque chose changeait quand les idiots appointés ont été plus prompts à moquer la faute d'orthographe écrite sur un Gilet jaune plutôt que de ridiculiser ce qui a fait sortir ce Gilet sur les ronds-points. Ils puent la revanche, leur tour est venu. Anticonformistes pour les petites choses, les ricaneurs bourgeois restent conformistes pour les grandes. Sauver la planète : oui. Dénoncer les causes à l'origine de cette destruction : « Nan, mais attends, c'est pas notre boulot de dire si c'est le capitalisme qui détruit la planète, on n'est pas spécialistes, et toi non plus… T'en sais quoi, toi ? Faut arrêter avec la politique.
— T'es pas prix Nobel d'économie non plus, et pourtant tu votes pour un programme économique, mon ami.
— Nan, pour le plus sympa ! et sûrement pas pour les esstrêêmes… Tu viens manifester pour sauver les pandas dimanche ? » Épuisant.

Les bonnes âmes, au mieux, souhaitent rester neutres, au-dessus de la mêlée. Confort des cimes. Mon cul. Vous êtes les complices des marchands de sommeil, propriétaires de médias. Désolé pour « cul », je m'étais promis de ne pas écrire un seul gros mot dans ce livre, mais des fois je m'agace.

L'humour teigneux est aujourd'hui au musée de la Rigolade ou alors il s'exerce aux dépens du plus faible, j'en suis conscient. À quelques exceptions près, ce qui a fleuri pendant le confinement en 2020 était bien léger. Mais nécessaire. Charline a dit plusieurs fois dans des interviews que, sans l'humour, alors que les gens étaient allés tranquillement s'enfermer chez eux, la situation aurait été insupportable, et que les autorités devraient remercier les amuseurs de les avoir aidées à maintenir le calme, parce que les raisons de sortir dans la rue foutre le feu à toute cette comédie de l'auto-autorisation de sortie, des masques qui ne servent à rien, puis qui sauvent la vie, et les amendes à 135 euros pour ceux qui descendaient fumer une clope en bas de chez eux ou qui prenaient le café assis, alors que dans le même temps des dirigeants organisaient des fêtes dans des restos privés, ça aurait dû en énerver plus d'un. Dans ce cas, le drôle peut devenir l'idiot utile du pouvoir. Elle a raison. Pas trop grave si le drôle en a conscience, s'il le dit clairement, et que ses auditeurs font le tri.

Mais avec l'idiocratie partout, sommes-nous encore en mesure de faire le tri ?

Surtout, rien n'est sacré. L'humour qui reste en toutes circonstances « distingué », c'est de la rigolade secondaire. Le graal, c'est le comique. Le comique premier, le comique universel, le pet sonore dans la grotte de Cro-Magnon. Le comique, c'est pas de l'humour. Le comique ose tout, va au bout des situations les plus tragiques, les exagère, les tord pour en extraire toute la bêtise et la jeter par terre, nue, en espérant la voir s'oxyder à la lumière du soleil et finalement crever, desséchée. Le comique travaille près de la plaie. Aujourd'hui, il a aussi perdu la bataille du rire à la télé et à la radio, en même temps que l'humour politique disparaissait, l'espèce des teigneux s'est éteinte. Oh, il y a des rois du pet, bien sûr, mais ils racontent des blagues, ils n'inventent plus rien. L'humour facile et cette saloperie de bon goût ont gagné, amuseur est devenu un métier honnête. Les voyous de la gaudriole se font rares. Les initiés savent où trouver ces seigneurs de la rigolade. Mais c'est comme les coins à champignons, on ne les dit qu'aux amis, car finalement le rire ne se déclenche que par les moyens qui nous font rire nous-mêmes et… nos amis. Du coup, les vrais comiques restent confidentiels, pauvres, et encore plus énervés, donc meilleurs.

La gestion du rapport à l'autorité de tutelle, c'est de l'aïkido

Un auteur est bien sûr toujours libre, mais… Tout est dans le *mais*, évidemment.

Charline a sûrement avalé quelques boas constrictors pour protéger son équipe en refusant de se draper dans la fausse dignité qui consiste à dire : « Après moi, le déluge. » Et je suis sûr qu'au moins une radio belge lui aurait ouvert ses portes. Peut-être même RTL. Où elle aurait quintuplé son salaire. Mais c'est pas à elle que la proposition a été faite. Curieusement, c'est à Alex Vizorek. Pour travailler avec Claire Chazal, une grande professionnelle avec une très longue expérience. Comme Denisot. J'espère qu'il y sera libre. Il en aura sans doute le sentiment, Vizorek est un gentil.

S'il résiste frontalement à une autorité qu'il juge inquisitrice – et, pour un auteur ou un humoriste, toute autorité doit être perçue comme telle –, un auteur perd toujours. Aux *Guignols*, hors problèmes strictement juridiques qui relèvent de l'objectivité procédurière, rares furent les patrons qui usèrent de leur autorité pour mettre en cause la pertinence du traitement d'un sujet. Un auteur ou un humoriste qui navigue dans l'humour politique est en permanence sur une mer houleuse et n'a pas à se justifier de vouloir y barboter, personne ne lui a commandé d'être là. Il écrit ce qu'il croit bon d'écrire sur un sujet et il a le droit de se tromper. Un auteur qui ne se trompe jamais n'a sans doute pas exploré tous les chemins d'une idée. Si un auteur ne fait que se tromper, il n'aura sans doute jamais d'autorité de tutelle et personne pour lui reprocher quoi que ce soit. Heureux les auteurs inconnus, la censure n'a pas de prise sur eux.

Mais comment savoir si un auteur en est bien un, puisque c'est un métier qui n'existe pas ?

Aucune université ne propose d'apprendre *stricto sensu* le métier d'auteur de vannes politiques, ni même d'écrivain, ou de scénariste. Comme si ce domaine échappait à la logique de métier et que, pour l'apprendre, il fallait *le faire*.

Par métier, j'entends accomplir quelque chose de spécifique, qui comporte des codes et des savoir-faire, quelque chose qui s'apprend et qui mène à un emploi, avec des postes de travail précis. Ramasser les feuilles mortes ne s'apprend pas, c'est pourtant une activité rémunérée tout à fait digne et utile, tout comme l'est l'activité d'auteur. En revanche, il n'y a pas de médecins, d'avocats, de tourneurs-fraiseurs, d'informaticiens, de comptables, etc., sans diplômes.

Tous ces métiers nécessitent un savoir-faire qui s'acquiert en faisant des études ou un apprentissage qui, à coup sûr, vous forment à ce métier. C'est le « à coup sûr » qui est important. Vous n'aurez pas forcément un emploi, mais c'est un autre sujet.

Aucune université ne propose d'apprendre à coup sûr le métier d'auteur, ou d'écrivain, ou de scénariste ou d'auteur de sketches en série. Elles proposent une formation aux *métiers de l'écriture.*

Des centaines de livres, des milliers de master class, des millions de conseilleurs se sont lancés dans le balisage des sentiers qui mènent à l'écriture. Il existe des méthodes diverses plus ou moins pertinentes ou fantaisistes ; j'en ai lu beaucoup. Toutes ont un point commun : elles avouent qu'elles ne peuvent donner que des *trucs*, nés d'une expérience acquise sur le tas, mais jamais enseigner le talent et l'inspiration. Évidemment.

La formation la plus courante consiste à observer les anciens, se cultiver, les lire, puis les critiquer, avoir un avis et l'envie de le partager, se foutre d'eux, les contester et surtout avoir envie de *faire*. C'est au moment précis du « faire » que l'auteur perçoit la leçon : le talent et l'inspiration ne s'enseignent pas.

Ça laisse un tas de frustrés les fesses sur le gravier qui pique, observant avec jalousie ceux qui se prélassent sur l'herbe tendre dans la radio d'à côté.

Les plus chanceux des mauvais peuvent se recaser, langue pendante et queue frétillante, dans les émissions faciles où le talent n'est pas nécessaire, si la capacité à assurer le buzz avec des âneries honteuses ne les dérange pas.

Il y a plus de mélomanes que de musiciens. Écouter mille fois *La Lettre à Élise* puis poser ses mains sur le clavier d'un piano ne fera pas de vous un Beethoven. Tous ceux qui ont eu un voisin pianiste amateur le savent. Ce qui est valable pour le musicien est récusable pour l'auteur ?

Je fais ce *non-métier* depuis quarante-cinq ans. J'ai été payé pour ça, et parfois très bien, sans avoir un seul diplôme à faire valoir pour justifier ce salaire.

Ce n'est pas un métier, mais il y a quand même chaque année l'élection du meilleur ouvrier de France : César, Molière, Goncourt, Interallié, etc. Une fois ce paradoxe accepté, on peut avancer. Et se dire qu'un auteur doit apprendre la seule chose indispensable pour naviguer durablement sur l'océan houleux : avoir envie. Et la prétention que son avis vaut la peine d'être lu, vu ou écouté.

Parlons de censure et des différentes formes qu'elle peut prendre

Quand j'officiais aux *Guignols de l'info*, au siècle dernier, nous avons dû résister à plusieurs reprises à nos supérieurs. L'exemple le plus parlant est la fois où nous avons eu un problème de pape[17].

---

17. Voir listes des auteurs et des périodes en annexes.

Le 2 avril 2005, Karol Jozef Wojtyla, dit Jean-Paul II, meurt. Les 18 et 19 avril, cent quinze cardinaux se réunissent en conclave et élisent un nouveau pape, Mgr Joseph Aloisius Ratzinger, par quatre-vingt-quatre voix contre vingt-six à Mgr Bergoglio et cinq voix résiduelles (des cardinaux qui ont voté pour eux-mêmes, amusant). Mgr Ratzinger exercera son pontificat sous le nom de Benoît XVI, éclipsant avec ce choix pertinent les quinze Benoît qui l'ont précédé. Il se trouve que monsieur Ratzinger, quand il était jeune, a appartenu aux Jeunesses hitlériennes. Le Vatican soutient avec tant d'obstination que c'était contre sa volonté que, pour *Les Guignols*, c'est un angle possible. Nous en parlons longuement avant de nous lancer, comme toujours. L'argument de l'erreur de jeunesse qui ne doit pas oblitérer à jamais la vie d'un homme est recevable. Ce qui emporte l'adhésion de tous les auteurs, c'est que, sur cent quinze cardinaux, aucun n'a trouvé saugrenu d'élire pape le seul qui dans sa vie avait dit : « *Heil Hitler !* » Même jeune, même « obligé » par l'époque, il l'a fait. Les cent quatorze autres étaient-ils si mauvais que pas un n'a été jugé apte à faire le job ? Personne pour l'évoquer cette idée, pour se révolter ? Cela voulait dire à nos yeux que, pour les chrétiens, il était acceptable d'avoir comme guide et successeur de saint Pierre un homme qui avait dit « *Heil Hitler* » ? Et pas que pour les chrétiens. *Quid* des juifs avec qui les autorités du Vatican devraient s'entretenir ? Nous pensions que ça valait le coup de traiter le sujet sous cet angle.

Nous ouvrons donc le JT du 20 avril avec PPD qui dit : « Nous sommes en 2005, *habemus Papa Schulz*, bonsoir. » Il continue par « un journal un peu spécial aujourd'hui qui sera consacré entièrement à l'élection de Beubeu, enfin Benoît XVI, [...] un pape controversé, il est le grand inquisiteur contre l'homosexualité, le mariage des prêtres, refusant la communion aux couples divorcés [...] traumatisé par Mai 68, le féminisme, le communisme, la libération des mœurs et le port du préservatif, pour couronner le tout, il a été longtemps dans les Jeunesses hitlériennes. Hum... celui que ses proches appellent le "Panzer Cardinal" fera tout pour se faire aimer des fidèles... » À cet instant, le pape apparaît en lucarne et dit : « Je vous bénis au nom du père, du fils et du Troisième Reich, *amen*. » PPD conclut : « Mouais, faudra un peu de temps quand même. » Le synthé[18] du pape est « Adolf 2 ».

Quelques jours plus tard, Rodolphe Belmer (l'actuel patron de TF1, ancien directeur général puis président de Canal) nous convoque. Il y a un problème avec le CSA, il a reçu une mise en demeure pour avoir écrit « Adolf 2 » sous Benoît XVI et traité de façon outrancière une partie de la vie du nouveau pape[19]. On commence par faire de l'aïkido mental en disant qu'on s'excuse pour s'être trompé de numéro d'immatriculation, que ce n'est pas « 2 » mais « XVI », que c'est en chiffres romains, qu'on n'a pas été très rigoureux avec l'information et qu'on

---

18. Dans les émissions télévisuelles, incrustation de texte sous l'image.
19. *Cf. Le Monde*, 11 mai 2005.

rectifiera dès le lendemain en écrivant « Adolf XVI », mais on sent que ça ne le fait pas rire. Le CSA (ancêtre de l'Arcom, donc) s'appuie, non pas sur l'article 10 de la Déclaration des droits de l'homme qui garantit que « *nul* ne doit être inquiété pour ses opinions, y compris religieuses pourvu que leur manifestation ne trouble pas l'ordre public établi par la loi », mais sur un article de sa convention à lui, le CSA, qui dit qu'on doit agir « en respectant les différentes sensibilités politiques, culturelles et religieuses de son public et en n'encourageant pas de comportement discriminatoire en raison de la race, du sexe ou de la nationalité ». Le mot « encourager » est assez flou pour laisser place à une interprétation large.

Dans la réalité, ce n'est pas le CSA qui veut nous blâmer. Cette noble institution a reçu des remontrances des évêques de France, et d'organisations catholiques, et même… du Crif[20]. Le CSA ne veut pas les affronter en leur disant que s'ils se sentent diffamés, ce qui est leur droit, ils doivent s'adresser à la justice qui tranchera, et que le CSA n'est pas juge du bon goût en matière de satire humoristique, domaine au sujet duquel nous rappelons à Rodolphe Belmer ce que le droit dit en matière de caricature : « Si elle revêt un caractère humoristique, elle est régie par "l'excès et l'outrance" et qu'elle peut se permettre des abus qu'une information sérieuse ne pourrait commettre[21]. » Quand on travaille dans un domaine

20. Conseil représentatif des institutions juives de France. Ce qui est impropre puisque l'acronyme devrait être dans ce cas CRIJF.
21. Article L. 122-5 4e du Code de la propriété intellectuelle.

particulier, on connaît les lois qui le régissent. C'est le minimum[22].

Les Guignols constituent manifestement une émission satirique de caricature à caractère humoristique. C'est son objet, aucune ambiguïté là-dessus, il y a un générique de début et un générique de fin encadrant ce moment privilégié. Nous sommes inattaquables sur ce point. Si l'article 10 de la Déclaration des droits de l'homme est clair, l'article 11 l'est encore plus : « La libre communication des pensées et des opinions est un des droits les plus précieux de l'homme ; tout citoyen peut donc parler, écrire, imprimer librement, sauf à répondre de l'abus de cette liberté dans les cas déterminés par la loi. » C'est donc bien devant la justice que doit se régler ce litige.

Reste l'embarras de la direction face au CSA, de qui dépend, entre autres et ce n'est pas rien, l'attribution d'une fréquence et le droit d'émettre.

Rodolphe Belmer est vraiment embêté. Il sait qu'on gagnerait notre procès, mais il ne veut pas aller jusque-là. Le problème, c'est qu'il n'y a pas grand-chose à dire à des évêques, dont l'autorité en matière d'humour est contestable et qui font pression sur une institution de régulation de la télévision qui, elle, n'a pas de critères apparents en matière d'humour. Un évêque, vu de loin, on a l'impression que ça promène son humour dans un sac-poubelle et que ça cherche une benne. Comme les évêques ne se fondent sur aucun texte de droit irréfutable, ils exercent en réalité un

22. Basile Ader, « La caricature, exception au droit à l'image », *Legicom*, n° 10, 1995.

véritable chantage, faisant appel à un « sens des responsabilités » dont les contours avec les religieux restent à discuter, pour les définir de façon équilibrée et opérante. Sans plainte, il n'y a rien à répondre. Ce n'est même pas un sujet. Et par quelle voie répondrions-nous d'ailleurs ? La presse ?

En auteurs, nous philosophons. En patron, Belmer s'énerve. La factualité, c'est qu'il faut bien que quelqu'un dise quelque chose à ces évêques. Rodolphe Belmer insiste pour que nous présentions des excuses *a minima poena*. C'est-à-dire « à partir de la plus petite peine » que cela nous infligerait. Et il veut discuter sur cette base. C'est le piège classique. Celui qui définit la base des négociations a déjà gagné. On le sait. Il le sait. Hors de question d'être « blâmés » du tout, parce qu'il n'y a aucune faute à nous imputer. Qu'ils s'arrangent avec ça. C'est dans ces moments qu'on a besoin d'une interface comme notre directeur artistique Yves Le Rolland : il endosse la responsabilité de présenter les « excuses » de l'émission. La chaîne, par la voix de son directeur général, exprime ses « regrets sincères et spontanés » et nous, auteurs, ne serons jamais blâmés officiellement (comment ça se passerait, concrètement, d'ailleurs ?) Résultat, grosse campagne de presse pour évoquer l'affaire, ce qui lui donne un écho bien plus vaste que ça n'aurait dû. Le débat sur la jeunesse hitlérienne du pape s'est ouvert à cette occasion. Aujourd'hui, avec Internet, on dirait qu'il y a eu un « effet Streisand » chez les évêques. Nous, nous avons continué à traiter du sujet Benoît XVI et de sa jeunesse hitlérienne. La seule concession que nous avons faite, parce que c'est ce qui offensait les catholiques, a été de ne plus écrire « Adolf 2 » comme synthé pour le pape. On a mis : « Benito 2. » C'est Benoît, en italien, on ne risquait rien.

L'aïkido mental consistait ici à laisser croire aux institutions qu'elles avaient obtenu quelque chose. Ce qu'elles y gagnaient ne pouvait venir que de la chaîne, c'est-à-dire d'une entité juridique. Pas des individus libres, comme les auteurs. Il était important de préserver ça, sinon, notre crédibilité aurait été entamée. Les commentateurs de l'époque et tous les gens de Canal+ ont très bien compris : la chaîne s'est excusée *a minima poena*, pas les auteurs. Chacun était dans son rôle.

Pour finir, et parce que nous étions taquins, comme le Crif déclara de façon perfide qu'à la même « époque que Benoît XVI et au même âge, les auteurs de cette émission auraient sans aucun doute été dans les Jeunesses hitlériennes[23] » – et que cette outrance et cet excès n'avaient rien d'ouvertement humoristique –, nous avons demandé à la direction de la chaîne de déposer une plainte en diffamation. Ce qu'elle n'a pas fait – je me demande bien pourquoi.

Sur les formes de censure

J'étais un auteur de bureau et un auteur n'a à rendre de comptes à une direction générale que s'il exerce son activité principale dans le divertissement de masse.

23. « Les *Guignols* suscitent l'ire des évêques », éditorial, *L'Obs*, 24 juillet 2005.

Ça se complique toujours quand la direction change, il faut un temps pour installer les rapports de confiance qui régissent le genre. Tout auteur, dont les écrits ont un écho notoire, doit composer avec son entité commerciale de tutelle : un directeur de théâtre, un producteur de cinéma, un éditeur, un mécène, etc. Dilemme sur lequel il est difficile de faire l'impasse. Conquérir sa liberté est un combat, la conserver, un travail quotidien. La frontière entre la responsabilité et la complaisance est presque invisible. Et cette frontière, on ne peut la franchir qu'une seule fois, et dans un seul sens. Une fois passé dans l'empire de la complaisance, l'auteur prend le risque de pousser le voyage jusqu'à la servilité, terre promise où fleurissent la richesse et les distinctions en carton. Vous avez les noms, je ne vous fais pas la liste.

Je n'affirme pas, au contraire de Romain Bouteille[24], que la liberté va de pair avec la pauvreté. Évidemment que si on n'a rien, on ne peut rien perdre, et donc on peut tout attaquer, mais vivre avec rien n'est jamais un objectif planifié.

Chroniqueur pour le service public ne permet pas de voyager en jet privé, mais de vivre dignement. Enfin je crois. Je connais la rémunération d'une chronique ; franchement, faites-le gratos, les gars, panache…

Les Diogène se sont raréfiés au point qu'il n'en reste que le mythe, ironiquement étudié dans les grandes écoles. L'employeur, même cordial, même sympathique,

24. Romain Bouteille, précurseur du café-théâtre, cofondateur du Café de la Gare, en particulier, et génial, en général. Mort en 2021.

intime toujours à un moment l'ordre à son employé auteur d'être « responsable ». Benoît Delépine[25] réclamait le droit à l'irresponsabilité. Un auteur doit tout écrire, tout dire – qui ne soit pas faux, injurieux ou diffamatoire (limite légale à la liberté d'expression) –, en toute liberté créatrice. Se demander si c'est le bon moment, le timing idéal, si cela gêne un ami politique, ou même l'entreprise, et *in fine* réclamer l'ajournement d'un écrit, c'est le rôle de l'employeur. Sa malice favorite, à l'employeur roublard, c'est le compromis forcé.

J'en ai fait l'expérience lors des élections législatives de 1997. Deux ans à peine après sa victoire improbable à l'élection présidentielle, Jacques Chirac dissout l'Assemblée nationale. En commenter les raisons n'est pas pertinent ici. Néanmoins, sachez que pour les auteurs de l'époque (Franck Magnier et Alexandre Charlot m'accompagnent à ce moment-là[26]), l'analyse est rapide : Chirac a une chambre pléthorique et pas d'élections avant deux ans, mais la France est en colère, les rues pleines de manifestants ; Chirac va perdre son pari de la dissolution, c'est sûr. Macron, de ce point de vue, a été plus finaud. Moins démocratique, mais plus finaud. C'est pour ne pas écrire de gros mots que j'écris « finaud », mais c'est très loin de dire ce que je pense.

Le moment est jubilatoire, on sait qu'on va être regardés. Pierre Lescure le sait aussi.

25. Voir annexes.
26. Tableau en annexe.

Me voilà convoqué. Toujours au titre du plus ancien des auteurs, et pas au titre de *chef*. L'objet ? L'arrêt des *Guignols* pendant les quinze jours précédant le premier tour de scrutin, et évidemment entre les deux tours. Un mois sans antenne. Un mois de vacances. Payées. La raison invoquée ? « Vous ne pouvez pas ignorer que vous avez eu une influence sur l'élection de 1995, vous avez fait toutes les *covers* [il adore les anglicismes], on ne peut pas recommencer, ce n'est pas notre rôle. » Je me rends compte rapidement qu'il ne s'agit pas de m'informer que la décision est prise, mais de s'assurer de ma résignation et de celle des auteurs, dans le calme, avec l'espoir de notre approbation.

La discussion durera une bonne heure : « OK Pierre, on arrête *Les Guignols définitivement ;* si on ne peut pas faire notre travail dans un moment fort de la vie démocratique du pays, autant passer à autre chose, mais tu assumes seul. » Je suis prêt à aller jusque-là, vraiment. Lui, en patron responsable, souhaite que cette période, dont il sait qu'elle sera délicate à passer, soit la plus paisible possible. Il se doute que si les Guignols sont en forme, il va avoir des coups de téléphone, des lettres de protestation de tous les camps, des dîners gâchés et des amitiés froissées. Moi, je suis dans mon rôle d'auteur : « Si tu nous retires l'émission pendant cette période, tu retires aussi toutes raisons d'être d'une émission satirique comme la nôtre à l'avenir. » Il sait que je n'ai pas tort et il sait aussi que je comprends sa position. Dans la conversation, je saisis qu'il ne veut pas voir de marionnettes politiques.

La simple représentation de la caricature physique rend plus ou moins sympathique le personnage imité. C'est l'irrationnel du trait. La dimension incontrôlable d'une image qui dit beaucoup plus que le discours. « OK Pierre, on ne sort pas de marionnettes d'hommes ou de femmes politiques, mais on ne parle que des élections... avec des journalistes, des footballeurs, des acteurs, des artistes — *OK, deal !* »

Je ne sais pas s'il avait d'autres rendez-vous juste après ou s'il en avait assez de mon argumentaire monomaniaque sur le manque de pertinence du sien, mais c'est ce compromis que je suis allé transmettre aux deux autres auteurs. Dans un premier temps, je me suis fait agonir de sarcasmes. Dans ma « formation des auteurs », j'insistais tellement sur l'aspect liberté, pas de compromis, c'est nous qu'on est les plus forts, que c'était mérité. Puis, nous avons commencé à travailler et la première marionnette que j'ai proposé de sortir était celle de Jacques Chirac. Ils ont compris tout de suite. Au-delà de la provocation, évidente, il y avait un fond constitutionnel à la démarche. Jacques Chirac ne pouvait pas entrer dans la catégorie *homme politique* : sa qualité de président de la République fait de lui le président de *tous* les Français et sa prise de position dans une élection législative n'a pas lieu d'être. C'est la séparation des pouvoirs voulue par la Constitution de la Ve République[27].

27. Article 20-1 : « Le gouvernement détermine et conduit la politique de la Nation. »

Jacques Chirac est donc « l'invité » de PPD, le cœur du journal. Avant ça, en image du jour et dans les lucarnes, nous avons informé le public de notre contrainte : il n'y aura pas d'hommes politiques pendant quinze jours. PPD interroge ensuite Chirac sur les élections bien sûr, mais le Président se refuse à tout commentaire, compte tenu de la séparation des pouvoirs et assure les Français de sa neutralité. Mais chaque fois qu'il lève une main, dedans il y a écrit : « Votez RPR » ou « Jospin salaud. » Il sort des pancartes honteusement favorables à son camp, l'air de rien.

On sait qu'on va se faire engueuler. 20 h 05, mon téléphone de bureau sonne, un gros standard noir avec pleins de boutons très impressionnants et un cadran sur lequel s'affiche « Présidence ». C'est le moment. Je décroche et… je me fais insulter copieusement sur des thèmes aussi variés que le charlatanisme de la parole donnée et une supposée absence d'organes procréateurs. Ma seule réponse : « Je te présente ma démission ! » Sa réponse : un tour d'horizon exhaustif de toutes les comparaisons possibles entre ma personne et différentes figures de style évoquant les excréments humains. L'argument : « Mais Pierre, j'ai tenu parole, Jacques Chirac n'est pas un homme politique, il est le président », me valut un « Sale con » et une coupure nette et sèche de la conversation.

Je note qu'ayant eu les textes deux heures avant la diffusion, comme toujours, Pierre Lescure aurait très bien pu les faire retirer de l'antenne. L'idée ne lui est même pas venue. Ou alors il n'avait pas pris le temps de s'informer du contenu du JT du soir. Ce qui est une possibilité. Dans les deux cas, faire confiance ou laisser faire, l'idée de censurer ne l'a jamais effleuré. Et si elle lui a traversé l'esprit, il a tranché dans le sens de la liberté.

Le lendemain, nous avons remis ça avec, en image du jour, Pierre Lescure et Alain de Greef devant un ordinateur, les deux transpirants. Le texte de PPD : « Depuis qu'ils n'ont plus le droit de montrer des marionnettes politiques, ils en bavent les nouveaux auteurs des Guignols. » La marionnette de Lescure disait : « Il faut quand même équilibrer les temps de parole entre la droite et la gauche, non ? » De Greef : « Cinq. » Lescure : « Cinq quoi ? » De Greef : « Cinq secondes pour la droite : tu as parlé. »

20 h 05 : le téléphone standard noir plein de boutons impressionnants de mon bureau sonne. « Présidence. » Aïe. Je tente un timide « Salut patron. » Réponse : « C'était drôle. Sale con. »

Vingt-cinq ans après, j'appelle toujours Pierre Lescure « patron ».

Ce compromis était-il digne ? Quel autre indicateur que la conscience de l'auteur est valable pour le choix du traitement de tel ou tel sujet, plus ou moins polémique ? Cette conscience n'est pas infuse et, sans déterminant, elle ne tombe pas d'un Ciel réservé à la seule catégorie des auteurs de télévision privée ou de radio publique. L'unité de sens qui constitue la colonne vertébrale d'un auteur est corrélée à son degré de confort intellectuel personnel. C'est ce qui détermine les contours entre sa responsabilité, son rapport à l'employeur et l'attente de son public. Se sentir libre ou être libre vraiment est affaire de perception. Dans ce cas précis, les auteurs n'ont pas été libres, mais ont trouvé le moyen d'en avoir l'illusion confortable. Le public, mis dans la confidence des contraintes du moment, nous a compris et suivis. L'essentiel a été préservé. C'était même presque mieux comme ça. Et Chirac a bien perdu son pari.

Autre malice de l'employeur : les pressions amicales

Comme pour *C'est encore nous* et ce qu'à l'écoute j'ai pu constater pour la partie « Brèves et Papiers d'humeur », on est dans la satire sociale et la critique politique du pouvoir au sens large. Aujourd'hui, le pouvoir est moins chez les politiques que chez leurs employeurs, les grandes entreprises dont ils sont les obligés et qui les ont posés là où ils sont pour faire un travail spécifique. Identifier correctement la cible principale fait partie du travail du satiriste.

Pour la culture, la musique et le traitement des invités, le ton de *C'est encore nous* était toujours un peu ironique et constituait un écrin parfait pour cette critique.

Une pression consiste à imposer une contrainte sur quelqu'un pour le faire plier et changer d'avis, le forcer à renoncer à sa volonté. C'est donc extrêmement violent. On imagine le revolver sur la tempe, le salaud ricanant, l'enfant en pleurs, les parents suppliants... C'est parfois plus subtil, mais à peine. C'est dans l'insistance de votre autorité de tutelle à répéter que quelque chose gêne quelqu'un, que s'exprime le supplice chinois qui *in fine* peut faire plier votre volonté. Cette autorité peut ou non user du procédé. Deux attitudes :

Pierre Lescure, encore, en 1993, alors que Canal+ est actionnaire du club de football du Paris Saint-Germain, croise régulièrement Jacques Chirac au Parc des Princes. Chirac n'est pas seulement maire de Paris à cette époque, il est aussi politiquement au fond du trou, et passablement énervé. Il attrape physiquement mon « patron » par le col, dans les toilettes où il l'a suivi, comme une vulgaire petite frappe, et lui promet mille sévices une fois élu, parce qu'il voit Canal+, à travers *Les Guignols*, comme une entreprise balladurienne vouée à détruire sa candidature. Pierre Lescure m'a raconté cette histoire dix ans après qu'elle a eu lieu. Ignorant de la violence que déclenchait notre travail, nous avons continué tranquillement à lui faire manger des pommes.

2002 : Canal+ vit une période troublée, Xavier Couture, venu de TF1, est le nouveau directeur général. Nicolas Sarkozy revenu en grâce est nommé ministre de l'Intérieur par le président de la République réélu à 82 % : Jacques Chirac. La marionnette de Nicolas Sarkozy est une vedette des *Guignols*. Dans la semaine qui suit sa prise de fonction, Xavier Couture, que je croise – par le plus grand des hasards – tous les jours dans les couloirs du troisième étage – alors que son bureau est au septième –, me fait part au moins à trois reprises du mécontentement de Nicolas Sarkozy et de ses colères froides. Plutôt de façon amusée, toujours débonnaire, voire en flattant nos talents de trublions, mais c'était dit et répété trop souvent pour que ce soit innocent. Laquelle de ces deux attitudes permet le mieux à un auteur de travailler tranquille ? La responsabilité incombe à celui qui dirige, pas à celui qui écrit. Pour donner le meilleur de lui-même, un auteur a besoin de liberté et de tranquillité, d'irresponsabilité créative, le polluer avec la réalité ne fait que le corseter, l'effarouchement crée l'hésitation qui retient la plume. C'est bien le but recherché par la deuxième attitude.

Avons-nous fait élire Chirac ? Pas directement. Nicolas Sarkozy, qui l'avait trahi pour soutenir Balladur, a le mieux résumé l'histoire en disant à l'époque : « *Les Guignols* ne font pas une info, mais ils l'amplifient considérablement. À la fin, ça fait bouger les lignes de 1 ou 2 %. C'est inacceptable. »

Si on pouvait faire bouger les lignes de 1 %, alors Balladur et Sarkozy n'auraient pas le pouvoir face à un Chirac que nous maintenions dans l'actu de façon sympathique avec ses « J'm'emmerde, d'Arvor, c'est inouï ce que je m'emmerde » et son « Putain, deux ans ».

On n'a jamais rendu Chirac sympathique. Il était déjà sympathique. Rendre Balladur sympathique eût été un exploit, comme présenter Sarkozy honnête… pas crédible. L'arrogance de Balladur était caricaturale ; chez Chirac, c'étaient la maladresse et la balourdise toutes françaises et donc sympathiques qui l'étaient. Chirac représentait physiquement la France, grand sans hauteur, l'air vif mais toujours avachi, et pressé d'aller nulle part. La marionnette de Chirac a maintenu le vrai dans l'actualité alors que la stratégie évidente de ses adversaires était de minimiser toutes ses interventions et de transformer toute action « Chirac » en *slow news*.

On voit que le même traitement est fait aujourd'hui à la gauche, la vraie.

À cette époque, *Les Guignols* ont prospéré sur le manque de pertinence des journalistes ou leur manque de courage. Difficile de dire que c'est une bonne chose quand la caricature se substitue à l'information qu'elle ridiculise. La caricature ne peut pas être source d'information, c'est une ouverture vers cette information peut-être, mais en aucun cas elle ne vaut info. Dans ces cas-là, elle ne forme plus à l'esprit critique mais porte le discrédit sur ce qu'elle moque. Encore faut-il que le public ait le minimum de culture politique pour comprendre. Mais le temps de cerveau disponible, Coca-Cola toussa toussa.

Aujourd'hui le problème est réglé, ça va mieux, il n'y a pratiquement plus de journalistes, remplacés par des travailleurs médiatiques stakhanovistes du commentaire à l'emporte-pièce. (Ceci est un commentaire à l'emporte-pièce, par exemple.)

Et il n'y a plus une émission pour en rire.

Je ne parle pas pour les autres auteurs – Jean-François Halin et Benoît Delépine à cette époque –, je ne sais même pas pour qui ils votaient, on ne parlait jamais de ça, mais moi, j'avais conscience qu'on pouvait faire chuter Balladur. Surtout quand je constatais que les émissions politiques de cette période reprenaient à leur compte ce que les Guignols disaient, en se cachant derrière pour ne pas avouer directement qu'ils détestaient Balladur, dont l'attitude était objectivement imbuvable. C'était facile : le trahi est toujours plus sympa que le traître et quand l'arrogant prend une claque, ça choque moins que ça ne fait rire – et, pour dire vrai, ça fait plaisir.

Autre technique pour faire taire un auteur un peu nerveux sur des sujets commerciaux comme la grande distribution, les Gafam, l'agroalimentaire, la finance internationale etc. – c'est-à-dire là où se situent les vrais pouvoirs de 2023…

Astuce plus classique : la censure par le droit des marques

S'il y a un domaine où ça ne rigole pas, c'est bien les marques. La grande question, quand vient l'idée de faire une parodie avec une marque dedans, est : est-ce qu'on cite la marque ou est-ce qu'on détourne hypocritement le logo et le nom ? Par exemple, pour Canal+ écrire Banal Plus ou Anal Plus dans une typographie approchante.

L'illustration de cette forme de censure, c'est le procès que la société Peugeot a intenté à Canal+ quand l'émission a choisi de caricaturer son PDG, Jacques Calvet. Pourquoi en étions-nous arrivés à avoir envie de rire avec ce monsieur inconnu ou presque, et sa marque ? Parce que

Jean-François Halin, Benoît Delépine et moi-même avions remarqué que, dans nos enfances, alors que nous ne nous connaissions pas, les gens qui roulaient en Peugeot étaient vieillots dans tous les sens possibles du terme – pour rester poli. Notre sentence était arbitraire, évidemment, il doit bien y avoir une ou deux personnes qui roulent en Peugeot, et qui sont des gens fréquentables, de moins de cent dix ans. Je ne comprends pas leur choix, mais baste. Ils font de bons hybrides chez Peugeot maintenant, il y a toujours la barre de maintien côté passager ?

D'autre part, *Le Canard enchaîné* avait publié la fiche de paye de monsieur Calvet qui montrait qu'il s'était augmenté généreusement alors qu'il licenciait ses ouvriers. C'est apparemment une tradition, puisqu'en 2023, ça continue, en pire. Ça plus ça, et le phrasé très particulier de monsieur Calvet, ajouté à sa suffisance médiatique, il y avait matière. Alors, chaque fois qu'il était invité dans la lucarne, il était présenté comme : « Monsieur le PDG de la société anonyme des automobiles et cycles Peugeot Frères », afin de bien souligner le côté vieillot de la marque. Puis, il entrait en retard, couvert de cambouis et disait : « Excusez-moi, j'ai eu un petit problème de wouature. »

Le procès a duré plus de cinq ans. En première instance d'abord, le 14 mars 1995. On gagne. Appel. On gagne. Devant la cour civile de la Cour de cassation, on perd. Le 9 février 1999, cour d'appel de Reims qui statue comme cour de renvoi, on gagne. Et enfin, le 12 juin 2000, l'assemblée plénière de la Cour de cassation rejette les deux derniers pourvois de Peugeot[28]. Notre président, André Rousselet, aurait pu nous demander de lever le pied pendant toute la procédure au nom de la bienséance entre PDG, compétiteurs dans le monde des affaires, certes, mais dont les relations sont régies par des codes qui ne valent qu'entre eux et dont les gueux sont évidemment exclus. De cette façon, le PDG de Peugeot aurait obtenu ce qu'il voulait. C'est sans doute la réaction qu'aurait eue un président sans humour et frileux. Le nôtre est venu dans notre bureau et nous a raconté la chose suivante : il venait d'avoir monsieur Calvet au téléphone et quand celui-ci lui a dit : « Président, j'envisage de retirer mon budget publicitaire à votre chaîne si cela ne cesse pas », Rousselet lui a répondu : « Je vous comprends, Président, à votre place, je l'aurais déjà fait. » Il piaffait de nous raconter ça. Un gamin. Un grand président.

La législation, avec l'article 122-5-4 du Code de la propriété intellectuelle, nous protégeait ; personne ne peut interdire la parodie, le pastiche ou la caricature sauf si l'intention de nuire est évidente et que le parodiant a un intérêt commercial à le faire. La procédure a été longue mais, ce qui a fait que nous avons gagné à chaque fois, c'est que, factuellement, quand Jacques Calvet arrivait en retard parce qu'il avait eu un « petit problème de wouature », nous n'avions jamais dit qu'il conduisait une Peugeot.

28. Claire Étrillard, « La parodie en droit des marques », *Revue juridique de l'Ouest*, 2003-2004, p. 437-459. https://www.persee.fr/doc/juro_0990-1027_2003_num_16_4_2749.

Astuce de boss n° 3 : la promotion bâillon.
Plus simplement : « Prends l'oseille, profite et tais-toi. »

Qu'un auteur œuvre dans une multinationale ou dans une radio de service public, il est dépendant de la charte interne qui régit les contours de la bonne conduite des employés. Il y en a une dans chaque entreprise. À noter que cette charte semble apparaître au moment de la signature d'un contrat « au-dessus de la loi commune ». Ce qui ne se peut pas. Au mieux c'est de la culture d'entreprise, mais si tu n'enfreins pas la loi commune (diffamation, injures), tu peux parler de ton entreprise, y compris pour en dire du mal et y dénoncer des pratiques douteuses, voire illégales si nécessaire. Seulement, si tu ne signes pas la charte et que tu ne t'y tiens pas, tu n'es pas embauché. Pas seulement dans le monde des médias. Partout : tu signes une charte. La liberté d'expression étant dans la Constitution, une entreprise ne peut pas s'arroger le droit de faire taire. Donc elle perd toujours à la fin si un employé l'attaque pour procédure abusive. Mais comme une entreprise a mille avocats et les moyens de faire durer la procédure, c'est l'employé qui se retrouve à la rue pendant des années avant de se voir réhabilité. Je proposerais bien une loi qui dirait qu'une procédure-bâillon, déclarée comme telle par un juge après procès, serait assortie d'une amende de 10 % du chiffre d'affaires de l'entreprise, qui sans doute réfléchirait à deux fois avant de l'entamer. L'employé ne toucherait pas la somme intégrale bien sûr, mais une partie seulement, et le reste serait versé dans un fonds pour aider juridiquement les employés qui subiraient ce genre de désagréments.

À Canal+, critiquer nos dirigeants sur leurs tics de langage, sur leur psychologie supposée ou leurs manies n'a jamais été un problème, l'autodérision était même au cœur du fonctionnement du Canal+ des débuts. Sur la stratégie de l'entreprise, ça coinçait un peu (droit du foot, fiction, tiercé, film en diffusion, etc.) mais ça passait. Sur les sujets qui pouvaient influer sur le cours de l'action en Bourse, comme la critique sur les investissements à l'étranger, les bisbilles entre actionnaires ou les rachats d'autres chaînes, là : tabou. On peut jouer avec tout, sauf avec l'argent. Il fallait le savoir et s'en arranger. La World Company, nous vivions dedans. Au fil des ans, mon statut et mon salaire étaient devenus ceux d'un cadre supérieur. On me présentait médiatiquement comme le « patron des *Guignols* », ce qui est faux, il n'y a jamais eu de patron, ou plutôt un patron chaque jour : celui qui avait le plus d'inspiration ce jour-là.

Difficile d'être auteur impertinent et cadre sup' en même temps et à tout instant de la journée. Le choix des moments où on est l'un ou l'autre est important pour éviter qu'une schizophrénie bloquante se développe durablement. Dans le bureau des auteurs, j'étais entouré d'autres auteurs, avec un travail à faire. Je savais qui j'étais. Mais lorsque votre employeur vous invite à dîner avec d'autres cadres supérieurs, quelques patrons d'entreprises concurrentes et néanmoins amies, invite-t-il l'auteur insouciant ou le cadre responsable ? Celui qui doit être libre d'exprimer toutes choses ou celui qui exerce, machinalement, ce droit de réserve, qui n'est qu'une liquoreuse déférence, s'il veut garder son emploi ? *La peur est l'ennemie mortelle de l'auteur.* La solution ? Refuser poliment tous les dîners patronaux. Au risque de paraître malpoli. Au titre de plus ancien des auteurs, il me revenait de faire entendre tout ça à chaque nouveau patron, donc j'ai dû réfléchir au statut d'auteur dans ce cadre précis.

Refuser de dîner avec Chirac m'a valu des sueurs froides. Je présentais l'édito de *NPA*, la séquence d'ouverture de l'émission et Chirac était élu depuis un an. Thierry Rey, champion olympique de judo et présentateur de *C'est pas le 20 heures* sur Canal, se trouve être le mari de Claude Chirac, avec laquelle il vient d'avoir un enfant. On est plutôt copains. Je me trouve dans la salle de maquillage avant de prendre l'antenne, quand Thierry Rey, gendre du président donc, me lance de façon assez désinvolte : « Ça te dirait de dîner avec Chirac, un truc privé, à la maison ? » Et comme je suis sûr que c'est une vanne, que je ne suis pas en état de recevoir des messages à ce moment précis – quelques minutes avant de prendre l'antenne – et que je ne fais pas le lien avec le fait qu'il est gendre *de*, je réponds, comme un imbécile : « Je ne dîne pas avec les cons. » Je le sens choqué, mais je n'y prête pas attention. Puis je vais faire mon édito, et je rentre chez moi. Mais dans la nuit j'y repense : « Putain, mais j'ai dit quoi à Thierry, moi ? » Le lendemain matin je déboule dans le bureau de De Greef : « J'ai un point de protocole sur lequel j'ai besoin d'une précision : quand Thierry

Rey m'invite à dîner chez le président, c'est une initiative perso ou Chirac a été consulté ? » Il est effondré. « Tu penses vraiment qu'un judoka en retraite et animateur de télé peut inviter un type comme toi chez le président de la République sans lui en avoir parlé ? Tu l'as fait élire, je te rappelle, c'est lui qui l'a demandé évidemment. Il veut peut-être t'offrir un kilo de pommes. T'as répondu quoi ? — Que je ne dînais pas avec les cons. » Il a souri : « J'espère que Thierry sera plus diplomate que toi quand il lui donnera ta réponse, mais normalement on ne ment pas au président, même quand ça pique. »

Je n'ai jamais eu de nouvelles. Je n'ai jamais dîné avec le président Chirac ni même croisé l'homme. À sa mort, j'ai été sincèrement peiné.

André Rousselet avait aussi, mais plus subtilement, évoqué la possibilité de rencontrer Mitterrand. J'avais dit que, dès qu'il aurait quitté ses fonctions, j'accepterais avec un ironique plaisir de serrer une main qui avait elle-même été serrée par Pétain, René Coty et Dalida. Je ne sais pas de quoi nous aurions parlé, mais le personnage valait la peine à mes yeux. Mai 1995, rendez-vous est pris, puis reporté deux fois pour cause de maladie et enfin annulé pour cause de décès. Lui non plus, je ne l'aurai pas rencontré.

Rouerie d'employeur n° 4 : faire sentir quotidiennement que la machine pèse

Aux *Guignols*, nos besoins en matière de liberté ont toujours été simples : laissez-nous libres et prenez le risque du dérapage. Et surtout, trouvons une définition à « dérapage ». Cette exigence a d'abord et surtout été celle des fondateurs de Canal+, qui en firent cet objet télévisuel nouveau, élégant et payant.

D'abord, le fondateur de Canal+, André Rousselet. Homme d'affaires. Si l'impertinence était un positionnement commercial rentable et permettait d'engranger des abonnés, alors il laissait libres les impertinents. Mais ce n'est pas la seule raison. Il a aussi créé une chaîne qu'il aurait aimé regarder. André Rousselet avait un humour fou[29].

Ensuite, son directeur général, Pierre Lescure. Journaliste, formé à la liberté de la presse, à ses limites juridiques, et curieux de tout : tout ce qui n'est pas interdit est par définition autorisé. Si c'est vrai et vérifié, c'est publiable. La liberté totale va de pair avec une responsabilité très grande. On appelle ça une culture.

Le directeur général chargé des programmes enfin, Alain de Greef. Ancien chef monteur. Une fois qu'il avait identifié le talent de quelqu'un, il le laissait libre de donner tout ce qu'il avait en lui. Il ne prenait pas tout, mais on pouvait tout proposer. Il cherchait même les dérapages créatifs, avec sa placidité légendaire, il fabriquait de la nitroglycérine pour l'antenne. Par exemple, il me confia la coprésentation d'une émission avec Marc-Olivier Fogiel, *Un an de +*, le samedi midi en direct[30].

---

29. André Rousselet, *À mi-parcours*. Mémoires, avec Marie-Ève Chamard et Philippe Kieffer, Paris, Kero, 2015.
30. Du 5 septembre 1998 à juin 1999.

Le concept est simple : revenir un an jour pour jour après une promesse, une annonce, un événement, censés générer une action, et voir où on en est. L'idée me plaît bien. Une sorte de SAV. Fogiel et moi avions des visions assez différentes en matière d'actualité, de son traitement, de décence, de choix des sujets et d'humour. Là où je souhaitais qu'on revienne sur des promesses de politiques, celles qui changent la vie des gens, il était plus intéressé par une avalanche qui avait tué des gosses en haute montagne et savoir si les assurances avaient bien payé, par exemple. On avait reçu un père de famille qui avait perdu un enfant, pour voir comment il allait un an après, par exemple. « Je vais te le dire, Marc-O, comment il va, le père : mal. » J'ai arrêté à la fin de la première année. Il m'a remplacé par Laurent Ruquier. *No comment.*

Rousselet, Lescure et de Greef ont fait de Canal+ cet endroit où un auteur de bureau en CDI pouvait se sentir libre, protégé et aimé, donc efficace.

Certains dirigeants arrivés après les fondateurs, quand la chaîne a commencé à avoir des problèmes au début des années 2000, ont eu du mal à admettre que c'était cette liberté de ton qui était garante de la qualité de notre travail. Et parfois du succès de certaines émissions. Les deux premiers présidents après Pierre Lescure, Xavier Couture et Guillaume de Vergès, ne restèrent que six mois chacun. J'avais rencontré le premier dans une réunion lunaire, avenue de Friedland, siège de Vivendi. Lescure venait d'être viré, Messier était aux abois tellement ça gueulait de partout et il demande aux syndicats de venir « négocier ». La CFDT m'inclut dans son staff. Tête de Messier quand il me voit, mais légalement la CFDT avait le droit d'inviter quelqu'un et on ne me sort pas de la réunion, même si je fais tache. Il y a aussi Paul Moreira et Mouss (je n'ai jamais su son nom de famille, qu'il m'en excuse). Mouss était déjà dans la régie quand André Rousselet a ouvert l'antenne de Canal+ le 4 novembre 1984. L'image clé de ce moment, c'est Rousselet qui pousse une manette ; en vrai, c'est Mouss qui fait le boulot. C'est technique, j'ai jamais bien compris ça non plus. Mais Mouss est LA figure de la chaîne. Ça discute. Messier veut « négocier », les syndicats, c'est fait pour ça, il les balade sur les indemnités, il connaît la musique, les paroles et le chef d'orchestre, il est formé pour ça. Au bout d'une heure, je me lève et déclare que je m'ennuie et que je vais aller rejoindre mes copains dehors, qui attendent par centaines, avec la presse au complet, le résultat de cette réunion. Messier m'arrête. Demande ce qui ne va pas et je lui dis la vérité : « Le sujet, ce n'est pas les indemnités, c'est remplacer Lescure par Xavier Couture, n° 3 de TF1. C'est une provocation sans nom. Virer Lescure, c'est votre droit, c'est une erreur monumentale, mais c'est vous le patron, par contre nommer Couture, c'est un crachat, c'est nous dire : "Votre esprit Canal, là, c'est de la merde, un gars de TF1 peut largement faire pareil." Eh bien, non. Tout le monde risque de partir, vous n'aurez plus de Guignols en tous les cas, et vous allez vous retrouver avec une coquille vide, vos actionnaires ne vont pas aimer. »

Couture me regarde et dit un truc comme : « Je ne suis pas venu pour tout casser, ni changer l'esprit, et je ne vais pas faire de l'antenne, je vous rassure. » Je lui réponds : « Pour l'antenne, en tous les cas, pas avec ce costume. » Il portait un costume gris, le pantalon à mi-mollet sur des chaussettes basses quand il avait les jambes croisées. Là, il se passe un truc. Messier le regarde, constate, me regarde, sourit, puis observe Mouss, prend note de la typologie vestimentaire des gens présents et comprend le problème de culture. Il me regarde à nouveau, je suis debout en train de partir et dit : « Alors, qui d'autre ? » Je réponds du tac au tac, sans avoir réfléchi une seconde : « J'en sais rien... Denisot, parce qu'il acceptera n'importe quoi... Karl Zéro, parce qu'il vous l'a déjà demandé, mais monsieur Couture, c'est pas la bonne idée, il faut une tête de la maison. » À partir de cet instant, la réunion ne porte plus sur les indemnités, ça tourne en rond, Messier balade encore les syndicats dix minutes pour le plaisir et quinze minutes après, on se retrouve dans la rue, avec toutes les caméras et tous les micros devant nous, comme à la télé. Paul Moreira, qui connaît la musique et le métier, nous a dit juste avant de sortir : « On prépare un communiqué. »

Le communiqué, c'est le truc pour pas répondre aux questions qu'on va nous poser, on lit le papier et on s'en va. Les journalistes qui attendaient étaient rigolards, mais frustrés : « Ah non, Paul, non, pas le communiqué, pas toi, raconte comment ça s'est passé ? Il y avait Couture ? Il s'est dit quoi ? », etc. Paul a lu le communiqué. On retourne tous au siège où il y a une AG d'organisée, quatre cents personnes présentes, on raconte ce qui s'est passé avec Messier. Mon téléphone n'arrête pas de sonner, je le coupe. Une heure après, j'écoute les messages, c'est Lescure qui a appelé dix fois. Je le rappelle : « Il s'est passé quelque chose de spécial pendant la réunion ? — Pourquoi ? — Messier vient de proposer la présidence de la chaîne à Dominique Farrugia. »

Couture sera président du directoire. À mes yeux, il était et restera sympathique.

Le suivant fut donc Guillaume de Vergès, provenance TF1 aussi – ça doit être un tic nerveux chez Messier, on se disait. Lui, son stage de formation sera encore plus court que celui de Couture. Premier jour, il arrive en pleine AG. Il y en avait beaucoup à cette époque, les employés de Canal+ étaient concernés par ce qui se passait dans leur entreprise et en débattaient. C'était parfois long et pénible, j'avoue, mais je n'ai jamais revu ça ailleurs. Sûrement parce que l'envie d'aller travailler autre part ne m'est jamais venue.

Donc, AG. Il est en face de trois ou quatre cents personnes et il est assisté de Virginie Calmels, directrice financière à l'époque, si mes souvenirs sont bons. C'est bien évidemment houleux : « Que viens-tu faire ici ? Explique ton programme… Va-t'en… », etc. Il répond avec mépris en croyant que c'est de l'humour. Quand les codes du rire ne sont pas au minimum partagés, ça coince toujours. C'est un tollé. Calmels est gênée. Les questions fusent. Il porte un micro-cravate pour se faire entendre. À un moment, excédé, il se tourne vers Virginie Calmels et lui dit quelque chose à l'oreille. Deux secondes plus tard, la régie s'ouvre tout en haut du studio et le technicien son lui crie : « Les cons, ils t'emmerdent ! » Puis il explique : « Il vient de dire : *On est vraiment obligés de répondre à cette bande de cons ?* » Il pensait qu'en parlant bas, on ne l'entendrait pas. Le fait est : personne n'avait entendu, sauf le technicien son dont c'est le métier de s'assurer que tout le monde capte bien, et qui, lui, porte un casque lui permettant de tout saisir, même ce qui est dit à voix très basse. De Vergès quitte l'AG peu de temps après. Virginie Calmels termine la réunion seule, devant quatre cents énervés, trois heures. Elle tient le choc avec un calme, une gentillesse et une fourberie remarquable. Elle était faite pour la politique. Quelques minutes après sa sortie de l'AG, un retardataire qui a croisé de Vergès nous dit : « Vous avez fait quoi au nouveau ? Je viens de le voir en train de filer des coups de pied et de poing dans la porte de l'ascenseur. »

Pour moi, il est et restera antipathique.

C'est avec le troisième, Bertrand Meheut, que les échanges me font prendre conscience de la puissance de la machine[31].

Arrivé sans transition de l'agrochimie (PDG d'Aventis CropScience), le monde de la télévision lui est étranger. L'agrochimie forme peu à la sémantique satirique. Ingénieur des Mines, Bertrand Meheut vient d'un monde où le conseil d'administration décide d'une stratégie et

---

31. Président de Canal+ de 2003 à 2015. Voir tableau annexe.

où le président et ses directeurs généraux la font appliquer par des collaborateurs polis, zélés et consciencieux. Point. Ni Baygon Vert ni Baygon Jaune ne revendiquent la liberté d'expression.

Dans une chaîne de télévision cryptée, dont l'objet principal est le divertissement, c'est très différent. Le produit est volatil et impalpable. On n'y vend pas des abonnements comme on pourrait le croire, mais du désir. Puis, parfois, parfois seulement, ce désir se transforme chez certains en acte d'achat. Mais il faut en premier donner envie.

Depuis la fondation de la chaîne, ce qui donne envie aux abonnés de se réabonner, et aux prospects de franchir le pas, c'est une forme d'impertinence, un savoir-faire des impertinents et la confiance entre les abonnés et « leur » chaîne[32]. Cette culture d'entreprise existe partout, et donc aussi à France Inter. Quand elle évolue, ou change, le fait que quelque chose s'est produit dans la ligne éditoriale ne se voit pas immédiatement, il faut un peu de temps, une ou deux saisons. Sauf pour Cnews, Europe 1 et le JDD, où là, ça s'est vu tout de suite. Je ne sais pas ce que la direction de France Inter a dit à Charline.

Voilà comment la nouvelle direction de Canal+ a vu les choses.

Le plus difficile pour Bertrand Meheut, ce fut sans doute d'admettre que son mot à dire, écoutable et légitime évidemment, ne pouvait en aucun cas emporter

32. Un des slogans de Canal+ était : « Pertinents dans l'impertinence ».

la décision finale face à des problématiques artistiques. Sport, cinéma, émissions de flux, documentaires, le savoir-faire était là, il était efficace. Dans les finances du groupe, en revanche, il y avait du boulot et, dans les écoles de monsieur Meheut, on apprend que les finances peuvent influer plus que toute autre chose sur le savoir-faire en lui rognant son « pouvoir-faire ».

Notre première rencontre a lieu en 2003. Dès son arrivée, il a demandé à me voir. Nous avions un ami avocat en commun, un Stéphanois que je voyais à Geoffroy-Guichard, les Verts, ça crée des liens durables. Sa question unique fut directe : « C'est quoi, Canal+ ? » Ma réponse franche : « Chez Canal+, "prout", c'est de l'actif. » *Les Nuls*, *Groland*, *Nulle part ailleurs*, *Les Deschiens*, *Action discrète*, etc., c'était inventif, peu conventionnel et assez franchement malpoli, mais assorti d'une certaine élégance dans la façon d'aborder cette impolitesse. Les abonnés acceptaient que nous nous trompions, pas que nous *les* trompions. J'ai filé la métaphore épicière pour Bertrand Meheut, espérant que cela parle au commerçant qu'il était : « On peut comparer Canal+ à l'épicier de luxe Fauchon : on n'y va pas tous les jours mais quand on y va, on ne tient pas à trouver en rayon la qualité médiocre que l'on trouve au supermarché du coin. On veut de la qualité supérieure. » C'était notre fierté, que nos détracteurs qualifiaient d'arrogance. Cette discussion était lunaire, l'autodidacte émancipé face à l'archétype de la conformité enseignée dans les grandes écoles de la République, c'était inimaginable. À un moment, j'étais sûr d'avoir perdu mon emploi quand j'ai dit : « Vous êtes le patron, il est normal que vous vouliez voir certaines choses à l'antenne et pas d'autres. Pour *Les Guignols*, il est hors de question que cela passe par une négociation avec les auteurs. Vous avez le droit de retirer de l'antenne tous les contenus que vous voulez. Ça s'appelle la censure. C'est votre rôle. Le nôtre est d'être libres. Si vous nous censurez une fois par an, nous verrons ce qu'on fait de ça. Si vous nous censurez trois fois par semaine, c'est la fin de l'émission sous la forme qui est la sienne. La forme à venir dépendra des auteurs qui accepteront votre *diktat* hebdomadaire. » Inconscience sûrement, mais je me sentais protégé par le succès de l'émission et par le moment. En outre, j'étais sincère – ô combien. Il dut le sentir.

Résultat, il ne nous censurera qu'une seule fois – un sketch où nous présentions le siège de Canal+ comme un fortin surveillé par des vigiles. En revanche, il essayera de diviser les auteurs – demandant aux autres comment ils réagiraient s'il me virait –, et tentera de nous piéger souvent – en nous proposant notamment de nous donner l'usufruit du titre *Les Guignols de l'info*. C'était assez énorme comme proposition. C'est Virginie Calmels qui a été chargée de nous la transmettre. Il fallait simplement fonder une société privée pour faire de nous des riches prestataires. Seule petite contrainte, faire passer le budget de quinze à treize millions par an. La première année. Quelles auraient été les demandes l'année suivante ? *Quid* des protections juridiques que confèrent une entreprise comme Canal+ et ses avocats ? On verrait bien, mais

« réfléchissez à la proposition au moins ». C'est fou, le nombre de fois où l'on croise fortuitement un président dans l'ascenseur dans ces moments-là. Comment ça marche concrètement, pour sortir les *Guignols* de Canal ? Meheut se chargerait de licencier les permanents et je n'aurais qu'à les réembaucher derrière… en intermittents. Ce qui coûterait moins cher ; je garantirais qu'ils conservent leur boulot et, selon Meheut, je gagnerais leur loyauté en les augmentant un peu. Il y a eu de grandes discussions avec l'équipe, ça gueulait un peu, treize millions de budget, c'est pas mal, on serait libres de faire de la production pour d'autres chaînes, on ferait des films, des documentaires, plein de trucs… On deviendrait des… Delarue, des Nagui, des Dechavanne, des Fogiel. Ce que je ne souhaitais personnellement pas du tout. Mon argument était : un prestataire, on arrête de lui donner un budget et il meurt. Il fallait trancher. La veille d'un RDV avec Meheut et les avocats pour avancer sur le sujet, je décide, pratiquement seul – Yves Le Rolland est dans le bureau avec moi mais pas d'accord avec moi –, de diffuser le sketch interdit par Meheut, et de faire ajouter dans le draft initial un dédit en cas d'arrêt de l'émission l'année suivant sa sortie de Canal+. Soixante-dix millions d'euros. Cinquante pour la deuxième année, quarante pour la troisième, etc. Yves me regarde avec un sourire narquois, il me connaît bien : « Nono, pourquoi tu veux faire chier ? — Parce que je veux qu'il signe avec qui on est, pas avec ce qu'il croit qu'on va devenir. » Aucun des auteurs n'avait un profil de chef d'entreprise.

Aucun d'entre nous n'était « entrepreneur » et aucun n'avait, à l'époque en tous les cas, l'envie de le devenir. Nous étions des « auteurs ». Dire et écrire des bêtises, pertinentes si possible, et être payé pour ça, OK. Être très très bien payé pour ça, OK. Exagérément bien payé ? Pourquoi pas. C'était à la fois notre métier et notre vocation. Pas « diriger des affaires dans le monde des médias ». Les écoles d'où sortent les Meheut enseignent que ceux qui ne veulent pas être des chefs d'entreprise ne méritent pas autre chose qu'une forme de paternalisme un peu méprisant et que leur savoir-faire doit être payé le moins cher possible. Pour les auteurs des *Guignols*, il fallait payer cher et, pour l'ensemble de l'émission, quinze millions par an. D'où l'idée de les sortir et d'en faire des « patrons ».

Résultat ? Meheut est furax, mais il veut négocier.

— Pourquoi ce dédit et cette somme extravagante ?

— Parce que justement ça n'a pas de sens, monsieur, puisque vous n'arrêterez pas l'émission la première année, ni tant que ça marchera bien.

— Mais, soixante-dix millions quand même, c'est n'importe quoi, on ne peut pas écrire ça dans un contrat.

— Pour moi, on peut même écrire un milliard de dollars, puisque justement ça n'a pas de sens.

Ça dure dix minutes. Puis il raccroche. Annule le rendez-vous du lendemain matin chez les avocats, et je ne le verrai plus pendant deux ans. Il a boudé. Mais… Hormis ces tentatives puériles, nous avons pu, *in fine*, faire notre travail d'auteurs. Il déclara en 2020 dans la presse locale de son village, Saint-Jacut-de-la-Mer, où il coule une retraite paisible : « Les Guignols étaient un élément distinctif de Canal+ [...]. Cette impertinence, je pense que Bolloré ne la souhaitait pas. » Qu'en termes feutrés ces choses-là sont dites. Plus loin, au sujet des ennuis que Les Guignols lui auraient apportés en tant que président de Canal+, il ajoute : « Des coups de gueule et des coups de fil de droite et de gauche, oui beaucoup, mais ce n'était pas un problème, [...] j'ai toujours eu la même réponse : c'est la liberté des auteurs de caricaturer. Je n'ai jamais fait pression sur eux[33]. » J'ai souri parce que c'était le même qui déclarait, lors de sa prise de fonction en 2003 : « La différence et les notions de transgression ou de rébellion qui ont accompagné la création de Canal+ ne sont plus en adéquation avec les valeurs d'aujourd'hui[34]. »

Que dire des valeurs de 2023 ?

La première fois que Meheut était venu dans le bureau des auteurs, c'était peu de temps après sa nomination, un jeudi soir vers 22 heures ; nous finalisions les textes des sketches enregistrés. Il portait une petite sacoche en cuir noir, un imperméable beige et des petites lunettes rondes, un joint tournait et, machinalement... il lui a été tendu. Il a souri et demandé avec une naïveté remarquable : « C'est de la drogue ? — Non, de l'herbe. — Ah, alors non merci ! »

33. *Le Télégramme*, 12 septembre 2020.
34. Jean Belot, « Canal+ politique que prévu », *Études*, t. 399, décembre 2003, https://www.cairn.info/revue-etudes-2003-12-page-609.htm

Il était très gentil avec nous, il donnait l'impression d'être au zoo et se demandait sans doute dans quoi l'avait lancé Jean-René Fourtou, lequel avait pris la place de Messier que les actionnaires avaient fini par virer, comme prévu. Durant ce premier contact, on s'en est tenus au *small talk* poli, on a *évoqué* les problèmes de la chaîne *à ce moment-là,* sa concurrence avec TF1, le satellite ou je ne sais plus quoi... pour faire la conversation. On n'y connaissait rien, on supposait que ce serait sans doute difficile, que Patrick Le Lay était retors, etc. et il a dit très calmement : « Non, ça va aller, je vais le plier. Il a une faiblesse, il dit ce qu'il pense. »

Et il l'a plié.

Mais on savait désormais qu'il était de la catégorie des gens qui ne disent pas ce qu'ils pensent. Il semblerait que les carrières longues ont souvent cette particularité aussi.

Finalement la machine m'a eu quand même. Je n'étais plus un auteur anonyme, j'étais présenté comme syndicaliste-revendicatif-grande gueule par les médias dans lesquels j'allais faire le malin, l'émission elle-même était perçue différemment par ma faute, les médias dissertaient sur les causes qu'elle servait, ses orientations politiques, l'impartialité de son humour. Tiens, le même questionnement que pour la bande à Charline, c'est amusant.

Nos détracteurs, qui n'étaient que nos concurrents de TF1 au début de l'aventure, devenaient plus sérieux, ils étaient politiques, industriels, travailleurs médiatiques. Les coups allaient voler bas pour moi, jusqu'à la préparation de mon élimination physique – l'histoire est connue et racontée dans plusieurs livres, articles, podcasts et interviews. En 2007, je finis par jeter l'éponge sous la pression amicale des auteurs de l'époque. Sarkozy allait devenir président. Je n'avais aucune sympathie pour le politique, ni pour l'homme. Je n'aurais pas fait un bon boulot de caricature.

En communication, il ne faut pas que l'émetteur grésille, sinon le message ne passe plus. Je grésillais.

La bande à Charline ne grésille pas, et ils sont assez intelligents pour ne pas laisser le militantisme prendre le pas sur la rigolade. Accepter de passer en hebdomadaire est courageux. J'écouterai sûrement. Pour un retraité, c'est tous les jours dimanche de toute façon. Ils réfléchissent beaucoup à ce qu'ils représentent, à ce qu'ils font, à la responsabilité qui va avec la liberté. Dans son livre que je conseille vivement[35], *Aux vannes, citoyens !,* Charline écrit : « Une blague, ça ne s'explique pas. Mais l'humour, si. Malgré la place qu'il occupe partout dans nos vies, dans la sphère privée ou dans les médias, l'humour politique est sous-étudié scientifiquement et mal questionné journalistiquement. Il est pourtant l'un des miroirs les plus parlants de la société, et il se pratique dans toutes les situations, même les plus tragiques : en temps de guerre, après un attentat, voire au lendemain de la mort de

35. On peut aussi lire sur le sujet l'excellent Alain Vaillant, *La Civilisation du rire*, Paris, CNRS, 2021 ; *L'Empire du rire*, Paris, CNRS, 2016. Et quelques autres livres (mais je ne les ai pas tous lus).

Johnny. Le rire est comme le coquelicot : il pousse dans la boue et l'éclaire d'une petite touche de couleur vive. » L'humour politique est à la fois jugé suspect et paré de vertus : il inverse les hiérarchies, il témoigne de la bonne santé démocratique d'un pays, il est d'utilité publique en cas de crise (et garantit le retour de l'être aimé).

L'interrogation sur la liberté et la place qu'elle tient dans la vie d'un auteur a été l'objet d'innombrables discussions avec mes « patrons » et quelques collègues, voisins de bureau. Elles allaient de l'aimable papotage à la dissertation philosophique. Chercher les limites imposées par le genre « divertissement de masse », quand on fait dans l'humour politique, faisait partie du travail.

Cette liberté était et est toujours dépendante des époques, des dirigeants, de la longueur de la chaîne au quotidien, et des accidents de parcours. Le chemin le plus sûr vers la quiétude psychique est de s'en tenir aux contraintes fixées par la loi et de les opposer à chaque incident. Le reste, c'est de la censure et c'est au patron d'assumer de l'exercer. Pas à l'humoriste ou à l'auteur. Il demeure un fait : pour avoir la preuve de cette liberté, il faut de temps en temps franchir les limites – c'est le seul moyen de savoir où elles se trouvent. Les auteurs sont des enfants qui racontent des histoires d'adultes, mais sans la naïveté enfantine. Écrire librement est aussi le luxe des démocraties. Tout le monde a conscience de ça. En Algérie, dessiner peut mener en prison et la solution est souvent l'exil. Je n'ai pas d'exemples prégnants d'humoristes politiques saoudiens qui me viennent là tout de suite et j'aimerais bien savoir de quoi parlent les humoristes à la télé saoudienne, syrienne, iranienne… *Quid* de la Russie, où il y eut une émission de marionnettes, les « Koukli », sur le modèle des *Guignols* pendant les années 1995-2000, même manipulation, même technique. Ça n'a pas duré très longtemps, la déconne sous Poutine. Leur budget était dix fois moins important que le nôtre. Donc, peu de marionnettes, mais même ça, c'était trop. Peut-être qu'ils sont passés en hebdo, le dimanche ? Il faudra que je vérifie ce point.

L'auteur, s'il se sait libre, doit aussi savoir pourquoi il l'est et qui lui accorde cette liberté. Le niveau de liberté autorisé par l'autorité qui le décrète dit aussi le niveau de maturité de la démocratie qu'elle représente. J'ai peur qu'avec la disparition de toutes les émissions d'humour politique à la télévision, qui sont le thermomètre qui mesure la bonne santé d'une démocratie, on passe lentement à une démocratie de basse intensité. C'est-à-dire autoritaire, voire fascisante, c'est un mot qu'il faudra bien prendre l'habitude d'écrire pour caractériser le climat politique dans lequel nous commençons à vivre. Lorsqu'il n'y a pas les casquettes et les uniformes, on n'ose pas, comme si les images du fascisme étaient fixées une bonne fois pour toutes dans l'iconographie du début du XXe siècle… Le résultat risque pourtant d'être le même à la fin, amené de façon plus affable, plus spécieuse, plus souriante, mais à la fin ce sera : « Ferme-la et fais ce qu'on te dit, sinon ton crédit social va prendre une mauvaise note. » Mais sans les lunettes fumées et les épaulettes, donc ça va aller… ça passera.

Il y a une autre méthode efficace pour mettre un Tractopelle sur la langue d'un humoriste ou d'un auteur, c'est le flatter.

Parlons encore un peu de moi…

J'ai été bien flatté quand on m'a dit : « Tu devrais faire de l'antenne, il faut absolument que tu montres ta tête à la télé avec le physique que tu as. » J'aurais évidemment préféré, en bon autodidacte souffrant du syndrome de l'imposteur, qu'on me dise : « Tu devrais faire de la télé, tu as des choses à dire, malgré ta sale tête. »

De Greef avait décrété : « Je n'ai que toi pour porter l'avis de Canal+ en ouverture de *NPA*, tu vas succéder à Antoine. » Si ça, c'est pas flatter le gars… Je suis un auteur qui aime qu'on le cajole, qu'on lui dise qu'il est bon, et si on peut ajouter « indispensable », on obtient de moi ce qu'on veut. Je suis un auteur, quoi.

Du coup, je n'ai pas écrit que des bêtises pour Canal+, j'en ai énoncé à un certain nombre à l'antenne.

En 1996, Alain me confie l'édito de *Nulle part ailleurs*. Cinq minutes quotidiennes, face caméra, seul, pour présenter l'invité et l'actualité du jour. Antoine de Caunes, qui occupait le poste, quitte le navire et se lance dans le cinéma. Quand ils apprennent les intentions de De Greef,

Benoît Delépine et Jean-François Halin foncent chez le directeur des programmes et lui rappellent qu'ils ont écrit *Les Guignols* à deux pendant six mois, et que c'est un calvaire qu'ils ne souhaitent pas revivre : « Ne nous prends pas Nono », plaident-ils. C'est aussi très flatteur. Réponse de De Greef : « Il peut faire les deux, c'est le seul qui peut être schizophrène sans angoisse. » Ce qui semble être la parfaite description d'un psychopathe. On organisera ma charge de travail qui devrait, en toute logique, doubler. Dans mon premier édito, rendant hommage à mon prédécesseur, j'ai déclaré : « Antoine a décidé d'arrêter *Nulle part ailleurs* pour se reposer et faire du cinéma, enfin… pour l'instant il tourne un film avec Smaïn, mais juste après il fera du cinéma, c'est promis. » Ça donne le ton de ce que sera mon intervention quotidienne la première année. Avais-je le talent pour ça ? J'en ai toujours douté, mais de Greef avait l'air si sûr de lui. Il lui suffisait d'avoir identifié la *possibilité* d'un talent pour faire le pari qu'il s'exprimerait si on lui donnait de la liberté, du temps et de la bienveillance.

Je crois que la bande à Charline a atterri à l'antenne un peu dans les mêmes circonstances. Mathieu Gallet et Laurence Bloch n'étaient probablement pas très sûrs du succès, mais il y en avait la promesse. Ils ont commencé par trois cent mille auditeurs quotidiens et terminé avec un million trois cent mille. Une semaine après leur départ, les chiffres indiquaient que pour la première fois, leur tranche horaire passait devant les *Grosses Têtes* de RTL.

On avait commencé par me tester dans l'émission de Jean-Luc Delarue, *La Grande Famille*, diffusée à la mi-journée en 1992-1993. Juste une apparition hebdomadaire, pour dire des bêtises, sans préparation chronophage, je faisais l'émission sur l'heure de mon déjeuner. Les téléspectateurs seraient-ils intéressés par cette tête-là ? Je n'avais pas d'appétence pour ça, mais j'avais eu un petit succès.

NPA, c'était autrement sérieux. L'édito, tout le monde le voulait. Du coup, je l'ai pris. Je présenterai trois cent soixante invités en deux ans et trois mois. Le style de De Caunes étant irremplaçable, je n'ai pas cherché à le remplacer, si ce n'est géographiquement. Et encore. J'avais choisi d'être debout, loin de la table et sur fond noir, pour que mon visage, donc mon propos, soit privilégié. Le contraire de l'exubérance bon enfant d'Antoine.

De qualité très inégale, mes interventions furent pénibles pour moi et pour tout le monde, les premiers mois, et acceptables et amusantes pour les téléspectateurs toute la fin de la première année. La deuxième année fut plutôt bonne, comme Gildas le souligna le premier jour : « Lâche-toi, cette année, tu ne succèdes à personne. » La troisième année fut hélas rapidement écourtée ; Guillaume Durand avait pris les commandes et pour moi, il était – et il est toujours – impossible de travailler avec ce genre de personne. Cette année-là, je n'ai présenté l'édito que pendant deux mois avant de démissionner.

Il y a eu aussi *NPA* midi. C'est bien plus joyeux. On y traite de sujets de société, j'ai plus de facilités à écrire sur des sujets que sur des personnalités. Je suis très timide, donc j'exagère quand je suis gêné, et je deviens méchant, ça me fâche avec les gens.

Parfois, les sujets sont épineux à traiter avec légèreté. Un exemple ? « La mort subite du nourrisson. » Vas-y, fais-nous rire. Je me dis que je vais aller voir Gildas et lui demander de faire l'impasse. Il y a trois couples qui ont vécu ce drame sur le plateau, c'est tendu. Gildas me dit que je vais trouver un angle. « Il n'y a pas d'angle, Philippe, c'est juste un moment atroce dans la vie d'un couple, il n'y a rien à en dire, personne ne peut comprendre cette expérience du dehors, je suis mal à l'aise, je n'ai pas envie d'y aller. » Il a répondu : « C'est ça, l'angle. »

Et j'ai dit exactement ça à l'antenne, dans une impudique intervention. L'émission se déroule comme ça : je suis déjà à la table, Philippe Gildas dit bonjour, annonce le déroulé de l'émission, puis passe au sujet, et présente les trois couples sur le plateau, puis il se tourne vers moi, je le remercie de me mettre dans cette situation, parle du rôle de l'auteur, du rôle de l'amuseur qui doit introduire le sujet, quel que soit le sujet, et rapidement, je tente cette phrase : « Je ne comprends pas ce que ça fait de perdre un enfant, et personne ne peut le comprendre, je vois moi, une fois j'ai perdu mes clefs de bagnole, déjà c'était embêtant, alors j'imagine, un gosse… » Je regarde les couples. Ils ne savent pas si c'est du lard ou du cochon. J'ajoute : « En plus si vous le perdez un vendredi, c'est un truc à vous gâcher le week-end. » Je les regarde à nouveau. Ils sourient. Le reste sera plus *soft* et ils se détendent. Ils savent qui je suis et ils se doutent bien que j'ai une tâche impossible aujourd'hui : introduire un sujet qui pour eux n'est pas un sujet mais le drame de leur vie.

Ils sont venus dans l'émission pour quelles raisons ? Dans quel but ? Je l'ignore. Je finis par : « On doit entendre un nombre incalculable de bêtises quand un drame comme celui-là vous arrive parce que tous les mots sont inefficaces, mais pas forcément inutiles. C'est bien de ça que vous allez parler maintenant. » Et Gildas enchaîne, il rebondit sur ce que j'ai dit, souligne la difficulté et la finesse dont j'ai fait preuve (...). Il me flatte. Et passe au questionnement. Je l'aimais, Philippe, tellement.

La sollicitation de références communes était nécessaire pour évoquer l'insupportable. Ces références, j'ai imaginé que je pouvais les trouver dans l'existence de la chaîne elle-même. Son ton, sa liberté, sa pertinence, son humour, que nous partagions avec toutes ces personnes. Nous pouvions évoquer un drame, nous étions en famille.

Reste que l'écriture d'un édito quotidien ou d'une chronique est une fonction particulière, un mini pamphlet ironique qui risque de basculer de l'ironie à l'ironie méchante : le sarcasme. Le tourbillon de l'écriture quotidienne a tendance à couper la relation neuronale avec le rationnel. On devient rapidement une machine à pondre de « l'avis sur » sans pouvoir dire à coup sûr de quel avis il s'agit. À *Charlie Hebdo*, l'original, celui de Cavanna et Choron, quand ils ne savaient pas quoi faire, ils passaient à : « Rions avec le pape », ça marche toujours. Aux *Guignols,* à mon époque, c'était : « Rions avec Chirac. »

Il est intellectuellement impossible d'avoir quotidiennement quelque chose à dire de pertinent pendant cinq minutes sur tous les sujets.

Je sais reconnaître un éditorialiste qui patauge et use de stratagèmes, rien qu'au ton de sa voix et à son débit du jour. Ce sont ces instants incontrôlés où nos obsessions remontent du fond de nos âmes pour s'étaler publiquement. Aujourd'hui, ils sont trop nombreux à étaler leurs obsessions politiques sans complexe et, comme ils n'ont pas cinq minutes quotidiennes à remplir mais des heures entières, la surenchère explose : c'est à qui fera parler de lui en exprimant l'avis le plus extrême. Ils pondent de l'avis comme une poule en batterie des œufs. Le produit est consommable, mais de piètre qualité. Je ne parle plus d'humoristes à cet instant, il faut une écriture pour y parvenir. Dans *C'est encore nous*, les chroniqueurs – pas les présentateurs, Charline et Alex – n'officiaient qu'une fois par semaine, ils avaient le temps d'écrire et de travailler, sauf Guillaume Meurice... Il était là tous les jours, mais lui, c'est un génie, son talent, c'est les gens.

Waly Dia a l'air à l'aise parce qu'il a réfléchi longtemps à son papier hebdomadaire, puis l'a écrit et réécrit ; Aymeric Lompret pratique avec délice l'anti-vanne, un travail de titans pour faire croire qu'il ne bosse pas ; Thomas VDB utilise l'ironie avec une incomparable maestria (c'est ironique ou pas, ça, on ne sait jamais avec lui) ; Constance, du génie créatif à l'état pur, sans filet, brute ; Juliette Arnaud, si juste, pertinente mais qui me rappelle trop souvent que j'ai été son baby-sitter à Saint-Étienne, donc que je suis vieux et que je radote, comme elle du coup… Et tous les autres : Mélanie Bauer, Fred Fromet, Manoukian, qui est agréable à écouter même si je n'ai jamais compris un mot de ce qu'il racontait avec poésie, Hippolyte Girardot, Christine Gonzalez, Pablo Mira, le mec pas drôle le plus marrant du monde, Thomas Croisière – j'ai mis longtemps à comprendre que c'était « Tom Cruise » en français, je ne suis pas aussi fin que lui –, Roukiata Ouedraogo, Isabelle Sorente, Thomas Bidegain, Djubaka, Doully, cette voix, ce ton : unique. Je suis sûr que je vais en oublier parce que je ne les écoutais pas tous, pas le temps. Aucun n'était décevant quand je tombais sur sa chronique. Pas à mon goût parfois, mais jamais décevant. Pourquoi ? Ils écrivent et travaillent.

Le travail des « parleurs de radio ou de télé », au contraire, consiste à tourner en rond de plus en plus vite dans une frénésie de « faire » qui a pour seul but d'atterrir à l'heure dans le média qu'ils squattent. Des polémiques naissent de cette approximation et accélèrent la course, finissent par devenir le moteur ; et la justification d'une polémique en entraîne une autre, qu'on commente pour en créer une troisième. Et ainsi de suite au fil des ans et… Bienvenue en idiocratie.

Les idiots ne fréquentent plus le bistrot, ils ont envahi tout le village et communiquent avec les villages voisins. Ils sont la majorité.

À l'époque où je faisais de l'antenne, j'ai découvert qu'on pouvait vendre plusieurs fois la même production écrite, sur des supports différents.

Là, le problème que ça pose n'est pas celui de l'exploitation commerciale d'un produit intellectuel écrit et pensé, ni même sa pertinence, mais l'espace qu'il occupe.

Pendant un an, j'ai été invité une ou deux fois par semaine dans l'émission *On refait le monde,* sur RTL, de 16 heures à 17 heures. L'objectif affiché était d'apporter des points de vue transversaux et hétéroclites sur des sujets politiques ou sociétaux. J'ai côtoyé à cette occasion des « plumes » célèbres du paysage audiovisuel, couvrant censément tout le spectre des sensibilités politiques. Je lisais leurs éditos quotidiens ou leurs rubriques hebdomadaires, et plus généralement leurs productions intellectuelles. Ça faisait partie de la documentation nécessaire à l'écriture des *Guignols.* Lorsque nous participions à *On refait le monde*, les autres avaient un avantage sur moi : ils resservaient l'après-midi l'édito qu'ils avaient écrit pour leur quotidien ou une autre émission du matin. En fait, ils « refaisaient l'édito », plus qu'ils ne refaisaient le monde. D'ailleurs, je ne vois pas pourquoi ils auraient voulu le refaire, ce monde, parce que, tel qu'il était, et tel qu'il est toujours, il leur convient très bien. Personnellement, je ne pouvais pas faire la même chose, parce que *Les Guignols* n'étaient diffusés qu'*après* l'émission de radio et donc, impossible de me servir du contenu du soir. Déjà que je partais avant la fin de la rédaction des *Guignols*, j'allais pas en plus pourrir le travail de ceux qui avaient bossé une heure de plus à ma place. J'ai ainsi touché du doigt la fabrique tranquille du concept de pensée unique.

Nous avions des débats sur les conditions d'exercice de la parole publique et de la responsabilité de ceux qui, conscients que leurs écrits, démultipliés sur plusieurs médias, occupent un espace que d'autres ne pourront pas investir, dégradent la pluralité de pensée.

Selon eux, la qualité et la pertinence de leurs avis autorisés étaient la seule raison des invitations dont ils étaient, semble-t-il, accablés. Rangés dans le camp des défenseurs de l'ordre établi, ils ne jouaient pas un rôle, ils croyaient sincèrement faire partie d'une caste supérieure dont la mission était d'éclairer le monde.

Quelle que soit ma tendance politique, j'étais des leurs désormais et ils m'exhortaient confraternellement à me réjouir de ces invitations, preuves que mon avis était devenu aussi autorisé que le leur. Et marrant en plus, disaient-ils : on a besoin de trublions. Nos accrochages en direct étaient vivifiants et appréciés des auditeurs. Ce qui, en langage moins académique, revient toujours à dire : « Prends ce qu'on te donne, profite, et ferme-la. »

Suis-je le seul à lire l'étiquette et à m'inquiéter de ce qu'on me vend ?

Parce qu'en fait, *On refait le monde* consistait pour eux à étaler de sympathiques variations superficielles en les présentant comme un débat d'idées. Ma fonction dans le processus ? La preuve que la pluralité est respectée. Mais, archiminoritaire sur les vingt-quatre heures d'une antenne, cet avis est comme une info en page 8 d'un quotidien, une *slow news* inoffensive.

Difficile de dire si c'est organisé exprès, mais ce qui est sûr, c'est que c'est organisé comme ça.

J'ai toujours été frappé par cette petite musique unique, bruit de fond d'idées plus ou moins identiques. L'impression d'être dans un bal où l'orchestre joue toujours le même air avec, de temps en temps, un peu plus de réverbération sociale ou de résonance libérale, et d'être un des seuls à le remarquer, pendant que tout le monde danse joyeusement en cadence.

L'ironie de la chose, c'est que cette pensée unique a fini par être attaquée avec une telle récurrence pendant la décennie suivante que ses détracteurs sont devenus plus nombreux sur les plateaux que ceux qu'ils critiquaient. Ils ont imposé une nouvelle pensée unique : l'anti-politiquement correct, rapidement pris à partie par le « D'façon, aujourd'hui onpeupurindire », qui pousse aujourd'hui le chroniqueur appointé à exprimer le maximum de saletés provocantes et nauséeuses pour paraître original. Mais, encore une fois, on parlera de Gaspard Proust un peu plus loin.

Dans le studio de RTL, il y avait des écrans retransmettant les chaînes d'infos en continu, sans le son, bien sûr. J'ai arrêté de « refaire le monde » le jour où, sur un des écrans rediffusant un talk-show du matin, j'ai constaté que ceux qui se trouvaient autour de la table avec moi étaient, trois heures avant, autour d'une autre table sur une chaîne info, habillés de la même façon, à dire – c'était une supposition, il n'y avait pas le son – les mêmes choses.

Les mêmes personnes ! Moi qui pensais que c'était déjà beaucoup de vendre la même ratatouille deux fois, voilà que je découvrais qu'ils la vendaient bien plus souvent encore. Cette situation a fait rire tout le monde, sauf moi, parce que, oui, ils m'ont confirmé, avec une naïveté qui aurait eu quelque chose de touchant si ça n'avait pas été du cynisme, que, oui, ils disaient la même chose, mais... à un public différent. Et qu'auraient-ils pu dire ? Le contraire ? Bien sûr que non. L'idée que courir le cachet de télé en radio occupait tout cet espace médiatique non extensible ne leur vint pas. Jamais.

Chaque intervention de ces éminents éditorialistes était facturée. Sauf la mienne. Par choix. Je savais que je pouvais obtenir une pige, mais j'avais refusé, arguant qu'être invité n'était pas un métier et qu'en aucune manière, ces interventions ne nécessitaient un travail spécifique autre qu'avoir lu le journal, ce qui était déjà le cas pour mon travail rémunéré. Songeons qu'en vendant à l'époque le même travail l'équivalent de deux cents euros deux fois par jour, on arrondit ses fins de mois de façon substantielle. Ça expliquait et explique toujours la profusion d'éditorialistes patentés, la paradoxale dégradation de la diversité d'opinions, et le nombre d'idioties déversées. Mais c'est leur droit.

***Quid* de LA liberté d'expression ?**

En France, la liberté d'expression existe. Mais il n'y a pas dans les soupentes d'un ministère un guichet de la liberté où l'on va de temps en temps retirer le droit de l'exercer. C'est un combat quotidien. Ce combat quotidien depuis la Révolution française a permis que l'encadrement de son exercice par le droit se déploie de façon assez raisonnable. Pour simplifier en restant précis : insulter, diffamer, faire l'apologie de la haine, du racisme, de l'antisémitisme, etc. est interdit et tout le monde s'accorde à dire que ce ne sont pas des attitudes acceptables. Tant mieux si la loi punit ceux qui s'y adonnent. Le cadre régissant la liberté d'expression est même encore plus souple quand il s'agit de satire et de caricature, comme le stipulent les articles 10 et 11 de la Déclaration des droits de l'homme. Dans le détail en revanche, on trouve matière à s'inquiéter.

J'ai écrit deux livres sur le sujet. Enfin écrit… ce sont des livres d'entretiens et ils sont comme les produits du même nom : purement utilitaires. Un avec Philippe Bilger et un avec Dieudonné M'Bala M'Bala. Les deux sur le même sujet : la liberté d'expression.

Le premier en 2004[36]. Philippe Bilger disait de moi que j'étais « l'homme le plus libre de France ». Comme tous les obséquieux, Philippe Bilger est aussi un flatteur, il est également catholique intégriste et réactionnaire assumé. Gilles Verlant, éditeur, nous a enfermés cinq jours dans une longère en Basse-Bretagne et nous a abreuvés de sujets et de questions douze heures par jour. Il enregistrait tout. Heureusement, Bilger et moi partageons un goût pour la cuisine roborative, ce qui nous permettait de rester

36. Philippe Bilger, Bruno Gaccio, *Le Guignol et le Magistrat*, Paris, Flammarion, 2004.

connectés sur cette base positive et concrète deux fois par jour au moins. Parce que sinon, la longère se prête au drame, un lac… de la brume… pas de voisin… Sans les moments cuisine, je ne suis pas certain que j'aurais eu la patience pendant cinq jours. Il en sortira un ouvrage assez complet sur la liberté d'expression dans tous les domaines, pas seulement dans celui de l'humour ou de la presse, domaines restreints dans lesquels elle est régulièrement questionnée.

Celui avec Dieudonné M'Bala M'Bala, bien que portant sur le même sujet, fut bien plus polémique[37]. C'est un faux brûlot. Déjà, pas de longère, nous ne nous sommes pas croisés. Seulement pour la promo, après. Le principe de cette collection, car c'est une collection, est de confronter deux points de vue sur une question. Ça n'est pas un dialogue. Moins complet que celui avec Bilger. Mais la seule évocation du nom de Dieudonné agit comme un coup de fusil sur un vol d'étourneaux. Personne ou presque n'a lu ce bouquin, quatre mille ventes seulement et pourtant c'est celui qui m'a valu le plus de commentaires et m'en vaut encore. Il aurait pourtant suffi aux commentateurs de lire les deux premières pages du livre pour éviter de dire autant d'âneries. Les voici *in extenso*, je leur donne une seconde chance, ça va relancer ma carrière d'écrivain, c'est sûr. Le livre commence par une question…

---

37. Philippe Gavi, Robert Ménard, *Bruno Gaccio, Dieudonné : peut-on tout dire ?* Paris, Mordicus, 2010.

Pourquoi avez-vous finalement accepté de participer à ce livre ?

Parce que les autres ont refusé. Je ne suis pas votre premier choix, vous avez eu l'honnêteté de me le dire. J'avoue qu'avoir son nom sur la couverture d'un livre à côté de celui de Dieudonné, en ce moment, ce n'est la volonté farouche de personne, même pas moi. Mais vous m'avez piégé. Vous m'avez dit, corrigez-moi si je me trompe : « On fait un bouquin sur la liberté d'expression, on veut Dieudo, mais personne n'accepte d'avoir son nom à côté du sien. » J'avoue avoir hésité à tenir le rôle du kamikaze : je n'ai pas l'âme d'un martyr.

Chaque fois que j'en parlais à quelqu'un, il me disait : « Ne fais pas ça, tu vas te cramer ! » Ça m'a agacé. Jusqu'au jour où une amie[38] m'a dit : « Si tu fais ça, tu vas le payer cher. Tous les autres refusent parce qu'il ne faut pas donner la parole à ce mec. »

Là, je me suis dit : je le fais. Comment parler de liberté d'expression et empêcher quelqu'un de parler en lui refusant la contradiction ? Maintenant, j'imagine ce qui va se passer : il y a ceux qui liront ces lignes et ceux, beaucoup plus nombreux, qui ne feront qu'en prendre « connaissance » *via* les médias et pour qui il ne restera seulement [*sic*] : « La vache, y a Gaccio qu'a fait un livre avec Dieudonné ! » Ajoutant : « Je le savais, ce salaud est antisémite », pour les crétins qui détestent Dieudonné ;

38. En fait, c'est Jacques Attali qui m'avait dit ça, mais dans le livre, j'avais évité de le mouiller dans mes choix, ça n'aurait aidé en rien, aujourd'hui je m'en tape.

ou « Gaccio est génial, il a fait un livre avec Dieudo, il est avec nous, à bas Israël, Palestine vaincra », pour les crétins qui l'adorent. Eh bien, tant pis. Parler de liberté d'expression, c'est bien, mais les actes vaudront toujours mieux qu'un discours. En fait, je n'ai pas beaucoup de choses à ajouter sur la liberté d'expression que je n'aie déjà dites dans le livre d'entretien avec Philippe Bilger. [...] Pour compléter, lisez Raoul Vaneigem : « Rien n'est sacré, tout peut se dire » et la phrase (attribuée à) Voltaire : « Je ne suis pas d'accord avec ce que vous dites, mais je me battrai pour que vous puissiez le dire. » Pour moi, on a fait le tour du principe de liberté d'expression, et là, en acceptant de mettre mon nom à côté de celui de Dieudonné, j'en fais la démonstration. Ma partie du livre pourrait s'arrêter là.

La deuxième question était :

Vous êtes un autodidacte ?

C'est même pas une blague.

La liberté d'expression est au centre de ma vie. C'est l'histoire de l'empêchement de dire par une autorité contestable, ça a commencé par mon père qui voulait que je la ferme sur tous les sujets et qui me filait des baffes de maçon. Les courageux comiques qui défendent la liberté d'expression dans des manifestations entre Bastille et République ou qui la chroniquent gentiment sur des ondes diverses n'ont pas souhaité mettre leur nom à côté de celui du paria. Tous ont même réclamé qu'on lui retire la parole, qu'on l'interdise. Curieuse défense d'un principe constitutionnalisé dont je n'ai pas trouvé meilleure définition que celle de Raoul Vaneigem : « Il n'y a ni bon ni mauvais usage de la liberté d'expression, il n'en existe qu'un usage insuffisant[39]. »

Dans un livre d'entretiens, c'est la personne et pas l'auteur qui s'exprime. L'auteur n'écrit pas le livre. C'est la personne en tant que personnage public, ce qui n'est pas anodin. En s'exprimant sur un sujet, les personnages publics agissent sur leurs lecteurs et créent un prisme de lecture particulier, qui évolue, parfois jusqu'à la rupture. L'émetteur malin n'envoie pas au récepteur des séries de codes qui changent sa clef de lecture. Garder la même clef est gage de succès. Il ne faudrait jamais changer d'idée, d'approche, de point de vue... Quand il y a trop de changements, ça bloque. Les paroles sont volatiles, les écrits durables. Quant aux paroles retranscrites, elles peuvent être piégeuses. L'auteur se distingue par son style, par l'esthétique de sa phraséologie. La parole peut s'écouter à plusieurs, c'est le propre du discours, qui est fait pour séduire. On peut revenir en arrière, nuancer en direct, amender immédiatement une approximation si elle crée un malaise, en y mettant un ton différent... Un livre se lit intimement, le rapport à ce qui est écrit engage le lecteur plus violemment que l'orateur. Entendre des âneries est moins impliquant qu'en lire. L'instantané d'un échange, lorsqu'il est retranscrit par un tiers, n'est, une fois imprimé, qu'une vision partielle. Peut-être même

39. Raoul Vaneigem, *Rien n'est sacré, tout peut se dire*, Paris, La Découverte, 2003.

suggestive. On n'a jamais vu un homme politique élu grâce à ses écrits. Il lui faut du discours.

Dans un livre d'entretiens, il n'y a pas de style. Le style parlé de celui qui s'exprime doit passer par le filtre de la voix intérieure du lecteur, qui s'imagine à tort ou à raison une intonation particulière. Dans ces livres d'entretiens, rien du style écrit n'apparaît, seule reste la trivialité de celui qui a retranscrit les échanges et quelques points de vue plus ou moins convaincants.

J'ai aussi eu, par artiste interposé, un problème de mongolien, enfin je veux dire de personne en situation de handicap mental relatif, car qu'est-ce que la normalité, finalement, Jean-Christine ?

Je parle de Patrick Timsit et de son sketch sur le garagiste. Timsit est un gentil qui aime dire des horreurs. Un Bourvil avec les textes de Coluche. Le choix des sujets constitue la ligne éditoriale de l'artiste, comme le choix des sujets sera la ligne d'une émission de radio. Comme le langage en général. Un mot plutôt qu'un autre, « opération spéciale » ou « guerre », c'est pas pareil en effet, « réforme courageuse » ou « démantèlement de la Sécurité sociale au profit des assurances privées », c'est pas la même approche, tout le monde le comprend. Ce dont un artiste va traiter le plus souvent sera *in fine*, pour le public, ce qu'il *est*.

En 1992, un sketch ayant pour thème « Que serait un chirurgien se comportant comme un garagiste ? » vaudra à Timsit un procès et créera entre nous une discorde durable. Le personnage du médecin/garagiste dit à un

« client » qui vient chercher sa fille de quatorze ans à l'hôpital : « Votre fille ? Elle n'est pas prête, monsieur, je sais, j'avais dit midi pour l'appendicite, mais là, ils sont à quatre dessus, on lui a changé les poumons aussi, ils étaient pourris. [...] On les a remplacés par des poumons qu'on a pris sur un mongolien. Ça sert à ça, les mongoliens, pour les pièces détachées, les mongoliens, c'est comme les crevettes roses, à part la tête, tout est bon. »

Le sketch a été joué des centaines de fois au théâtre et enregistré. Lors d'une diffusion sur France 2 en 1995, soit trois ans après sa création, une plainte est déposée par un collectif de familles ayant un enfant trisomique. Je suis choqué que la plainte soit recevable, parce qu'une scène est un sanctuaire. On y joue des personnages et, quand on interprète un personnage odieux, ce qui était clairement le cas pour ce chirurgien, ce personnage peut et doit dire des choses odieuses. Il y avait un changement de lumière, d'attitude et de voix. C'était clairement une interprétation. Et pourtant il y a eu procès. Devant le tribunal, il y a eu une manifestation menée par Pascal Duquesne, l'acteur du *Huitième Jour*[40], venu avec des amis belges, trisomiques comme lui. Ils brandissaient des pancartes avec des slogans hostiles à Timsit. Bon, je dis ça comme ça, mais c'est bien eux qui avaient écrit et pensé les slogans ? L'avocat des familles, maître Collard, a fait dans le grandiloquent : « Les sociétés meurent d'imperceptibles impolitesses. Si on laisse

40. Jaco van Dormael, *Le Huitième Jour*, avec Daniel Auteuil et Pascal Duquesne, 1996.

faire, de caricature en brocardage, on arrivera à une civilisation de l'agressivité et de la dérision. Où seul un cénacle d'empereurs médiatiques aura droit de cité. » On a l'impression d'entendre le RN qui parle de *C'est encore nous*. Ah ben oui, en fait, c'est la même famille. L'avocat de Timsit, maître Leclerc, répondra dans le registre commun : « Les trisomiques 21 sont des frères pour Patrick Timsit. Ils sont dans notre société, ont la même valeur et le même droit que chacun d'entre nous. Et, ce qui est invraisemblable, c'est que Patrick Timsit a justement voulu l'exprimer dans son sketch, à travers le personnage abominable d'un chirurgien-mécanicien, auteur de propos abominables. »

Dans la salle d'audience, la gentillesse de Timsit l'a emporté sur sa combativité en la matière. Il s'est excusé et a dit quelque chose comme : « Si vous avez identifié en moi le mal absolu et que ma condamnation fera que vos enfants iront mieux, alors, condamnez-moi, sinon arrêtons cette absurdité tout de suite. » Le procès n'ira pas plus loin : excuses, embrassades et création d'une association pour envoyer les enfants trisomiques en vacances. Est-ce une bonne décision ? Je ne le sais toujours pas.

Je suis l'auteur de la phrase incriminée et je ne suis pas accusé. Je ne suis même pas au tribunal. Je ne peux pas défendre mon point de vue en vertu du fait que l'auteur de *one man show* n'existe pas, le responsable est celui qui dit le texte et celui qui le diffuse, en l'occurrence Timsit et France 2. J'aurais aimé dire que j'étais d'accord pour monter une association au bénéfice des familles d'enfants en situation de handicap, mais seulement *après* que la cour a statué sur la liberté d'interpréter des personnages odieux sur une scène. Si la cour avait statué en faveur des plaignants, j'aurais déposé plainte contre la majorité des pièces de Shakespeare pour appel à l'infanticide, au parricide et au meurtre en général. J'aurais aimé dire qu'à aucun moment, je ne pensais savoir mieux que les « victimes » de ce sketch ce qui est bon pour elles, ni ce qui les fait souffrir, et qu'une leçon de liberté d'expression dispensée dans un tribunal n'aurait rien enlevé au sentiment de blessure qu'elles ressentaient, mais j'aurais aimé le dire *après* qu'un tribunal aurait rappelé le droit. Le droit à l'excès sur une scène.

Certains sujets sont plus délicats à traiter que d'autres, selon les époques. Tout le débat est là. C'est là que l'introspection est intéressante. L'humour ne peut pas être gentil, il est un coup de poing dans la gueule, je le maintiens. Une fois cela dit, les coups répétés sur la même gueule ne relèvent pas de la liberté d'expression mais de la violence gratuite, celle qui sait qu'elle blesse. Exception faite pour les gens de pouvoir qui ont les moyens médiatiques de se défendre et qui de toute façon ont des comptes à rendre sur le mandat qui leur est confié.

Timsit n'avait fait qu'un sketch sur le sujet.

Puisqu'on en est aux choses légères, parlons donc des caricatures de Mahomet, pour se détendre un peu avec un sujet plus facile que le handicap, un sujet plus doux : le terrorisme.

Parus le 30 octobre 2005 dans le journal danois *Jyllands-Posten* et repris le 8 février 2006 par *Charlie Hebdo* et quelques journaux comme *France Soir* et *Libération*, ces dessins ont imposé au monde entier de prendre position sur un sujet. Nous avons eu le choix, dans notre émission *Les Guignols de l'info,* de les montrer et nous avons choisi de ne pas le faire[41]. Le premier réflexe a été de mettre les dessins incriminés en image du jour, avec l'idée simple de marquer notre territoire face à l'obscurantisme religieux. Comme tout le monde à ce moment-là. Ou plutôt comme un banc de sardines au comportement grégaire ; nous étions incités, par l'émotion de cette attaque contre la liberté de caricaturer, à nous conformer à l'attitude générale.

Puis, on se renseigne, on lit, on travaille. On constate que ces caricatures ont été commandées par le journal *Jyllands-Posten* à la suite des jérémiades d'un auteur, Kåre Bluitgen. Ce dernier a écrit un livre pour enfants sur l'islam[42] et se plaint de ne pas trouver de dessinateurs pour l'illustrer. Selon lui, tous les dessinateurs auraient décliné parce qu'ils avaient peur des représailles des terroristes qui ont sauvagement tué Theo van Gogh en 2004[43]. L'idée que c'était seulement parce que son livre

41. Les auteurs de l'époque étaient Lionel Dutemple, Julien Hervé, Ahmed Hamidi et moi-même. Voir annexe V.
42. *Koranen og profeten Muhammeds liv* (« Le Coran et la Vie du prophète Mahomet »), Copenhague, 2006.
43. Son assassin est Mohammed Bouyeri, néerlandais comme lui et membre d'un réseau terroriste, Hofstad. Il lui reprochait un court-métrage insultant le prophète Mahomet. Il lui a tiré huit balles dans la tête avant de le décapiter et de lui planter deux couteaux dans la poitrine. C'est effectivement terrorisant.

était nul ne lui est pas venue. Ne l'ayant pas lu, prenons ça comme une hypothèse non valide. Et de toute façon non explorée à l'époque, et plus du tout aujourd'hui. Du coup, douze caricaturistes bravent cette peur supposée et caricaturent le prophète Mahomet. Avec une qualité et une finesse inégale. À ce moment précis, la qualité des dessins aurait dû être un sujet et donc interrogée. Eh bien, non. Ces dessinateurs dessinent pour cette seule raison : dire qu'ils n'ont pas peur de dessiner à la demande d'un seul auteur de livre pour enfants. C'est ténu, comme motivation. Résultat impressionnant : émoi mondial dans les pays musulmans. Rappel d'ambassadeurs, manifestations, violences, menaces, drapeaux brûlés…

Nous nous sentons bien petits avec notre émission de marionnettes. Mais la question de garantir notre liberté est posée, alors que personne ne nous l'avait enlevée. Et il est trop tard pour y échapper : nous devons défendre le principe de liberté d'expression totale, ainsi que notre culture laïque qui ne reconnaît pas le blasphème. Et pour ce faire, nous devons absolument nous moquer de la religion musulmane, c'est devenu obligatoire. C'est toujours obligatoire. On aimerait le faire sans blesser davantage les musulmans qui disent sincèrement l'être et, en particulier, ceux qui sont Français, ou qui vivent en France. Surtout, à notre convenance, quand on veut, pas quand c'est exigé. On l'a fait maintes fois pour notamment évoquer le FIS[44] en Algérie. Mais là : sujet imposé par une actualité

44. Front islamique du salut.

au départ insignifiante. L'équation est ardue : les musulmans sont vraiment choqués – nous avons sûrement un public dans cette communauté. La liberté d'expression est la condition d'existence de notre émission. Question : est-il amusant de faire souffrir un peu plus quelqu'un qui souffre déjà et qui le dit, pour ne pas renoncer à exprimer notre liberté à l'indifférence religieuse et au blasphème ? Bonne chance.

Vous le remarquez, les terroristes n'entrent pas dans l'équation. Pour nous, auteurs, ils n'ont pas à y entrer. Ils sont terroristes, ils cherchent la terreur, ils sont, selon nous, hors sujet, puisque rien ne choque ce type d'individus, sinon ils ne tueraient pas aveuglément n'importe qui avec une telle sauvagerie. C'est pas trois dessins qui vont les ébranler. En revanche, ils adorent avoir des prétextes et des bornés belliqueux en face d'eux. Ces caricatures sont du pain bénit pour eux. Notre réflexion est donc que, si ce qui gêne les musulmans, ce sont ces caricatures-là, les danoises, et notamment celle qui montre le prophète coiffé d'un turban en forme de bombe, ne les montrons pas et inventons-en d'autres, les nôtres. Nous avons commandé une marionnette de Mahomet pour le soir même. En lucarne, c'est-à-dire en événement mineur que nous avons choisi de traiter dans la rubrique « politique étrangère », nous montrons PPD interrompu par des dieux, un chrétien et un juif. Tous les deux barbus, comme le stéréotype le veut. D'abord étonné puis intéressé par le scoop, PPD demande à ses dieux barbus pourquoi Mahomet, prophète des musulmans, ne voulait pas se montrer et pourquoi il avait imposé l'aniconisme à l'islam. Leur réponse ? « Parce qu'il perd ses cheveux, il est chauve, c'est tout, on dirait un bouddhiste, et dans notre boulot, c'est la honte. » Puis, Mahomet arrivait, chauve, timide et moqué par les deux autres et disait : « Mille trois cents ans, les mêmes vannes pourries, c'est lourd, les mecs[45]. » On a fait le job.

Avons-nous montré le prophète, ce qui est interdit par la religion musulmane ? Oui. Mais nous avons montré notre représentation du prophète tout en respectant la douleur des musulmans sincèrement blessés par des dessins précis, en nous abstenant de les re-re-re-re-montrer comme les autres.

Ce que nous avions fait pour les chrétiens qui ne voulaient pas voir écrit « Adolf 2 » parce que ça les choquait sincèrement, nous l'avons fait pour les musulmans sincèrement blessés par l'image de leur prophète caricaturé avec une bombe sur la tête. Encore une fois, nous ne parlions pas des terroristes. Eux, rien ne les choque. Il n'est pas question de mettre sur le même plan un sous-titre pour un pape et un massacre, je ne suis pas fou, mais de dire que l'objet de la discorde doit toujours être questionné et, si on le juge nécessaire, retiré quand, à l'évidence, on va au-devant de conflits si on se croit malin en restant intransigeant.

Avons-nous cédé pour autant à la terreur ? Non. Nous avons joué avec, sans renoncer à dire. Pour moi – je ne

45. La séquence en entier ici : https://www.youtube.com/watch?v=qBO3r3wx44s

parle pas des autres auteurs dont j'ignorais et j'ignore toujours le positionnement spirituel – sur les thèmes religieux, le sujet n'est pas la religion musulmane ou la chrétienne ou la juive, mais la croyance en général.

Comme auteur, la question de blesser volontairement quelqu'un en restant arc-bouté sur une position de principe, fût-ce la liberté d'expression, pose *a minima* question.

Si quelque chose apporte de la douleur à de la douleur, changer l'approche du problème qui a provoqué la douleur initiale est sans doute plus payant. Contourner, se montrer malin, *jouer avec*, pas faire le gros bras sûr de son bon droit.

On pourrait arguer que c'est aux religieux d'infléchir leurs principes rigides. Bien sûr, ce serait idéal, mais ce serait peine perdue, puisqu'ils réagissent avec l'irrationnel d'une croyance à un problème qui réclamerait précisément la position contraire en faisant appel à la raison. C'est sans doute plus raisonnable de garder son calme et d'être dans la compassion avec le religieux, surtout quand ce religieux est le plus étriqué d'esprit de la boutique : le rigoriste.

Raison qui peut même s'illustrer ironiquement dans la parole de Jésus : « Père, pardonne-leur : ils ne savent pas ce qu'ils font[46]. » C'est paradoxalement à travers la Raison que le croyant peut comprendre que, sa foi étant plus belle que Dieu, l'introspection est l'expression de

46. Évangile de saint Luc, 23, 34.

sa sagesse, au contraire de la démonstration de force qui constitue la preuve de sa faiblesse.

En fait, une caricature parle plus de celui qui l'a faite que de celui qui est caricaturé.

J'étais un caricaturiste quotidien et quel était mon rôle ? Était-ce le combat, la bagarre, la guérilla contre les croyances, ou porter l'éclairage de la Raison sur le bien-fondé de l'hypothétique parole des dieux à laquelle les deux tiers des Français sont indifférents[47] ? Dans l'affaire des caricatures danoises, les belliqueux avaient – et ont toujours – la main. Je déplore que certains de mes amis, auteurs, dessinateurs, cinéastes, journalistes, soient passés dans le camp martial des querelleurs. Avec pour argument principal : j'ai le droit, donc je le fais, juste pour montrer que j'ai le droit.

Il n'y a aucun courage à être idiot durablement même en idiocratie. Les terroristes s'en félicitent sûrement plus que lorsque, pacifistes rigolards, ces amis-là ridiculisaient leur bêtise. Les terroristes créent le chaos dans l'espoir fou d'entraîner le monde dans une guerre de religion. Des journaux, des télés, des radios qui s'autoproclament dépositaires de la défense de la liberté d'expression, enfoncent inlassablement le même clou. Des États font la guerre à un substantif abstrait, le *terrorisme*, rognant par des lois liberticides nos libertés fondamentales, au nom

47. « La dynamique des religions chez les immigrés et leurs descendants en France », Institut national d'études démographiques, novembre 2016 ; « Statistiques sur la pratique de la religion en France », *Géoconfluences*, 12 décembre 2016.

de l'insécurité qu'ils ont eux-mêmes provoquée ; et les plus diplomates sont dépassés, voire traités de mous du genou. Le chaos est là et… les terroristes gagnent. Et il est de plus en plus difficile d'être auteur appointé d'émission satirique à la télé ou à la radio. D'ailleurs… il n'y en a plus. C'est bien de ça qu'on parle.

Au fait… Pourquoi la direction de France Inter a-t-elle arrêté l'émission *C'est encore nous* ? On sait, finalement ?

J'ai la même approche avec la guerre en Ukraine. Aucun média n'évoque la paix, jamais, mais seulement et avec délectation les batailles et les livraisons d'armes pour sauver le monde libre, *qui ne se laisse pas faire, madâme, et qui est tellement solidaire, môssieur, et c'est bien du malheur, toussa toussa*. Pas un pour dire ce que serait une « victoire » ukrainienne ou russe dans cette guerre mondiale qui ne dit pas son nom. Pas un pour définir un but de guerre et dire quand il aura été atteint et quelle en sera la preuve. Repousser les Russes au-delà des territoires conquis ? Tu parles.

Je suis bien content d'être démonétisé, du coup.

Je ne me vois pas avoir un avis pertinent sur ce sujet et sur la géopolitique de la région, sur les 35 % de russophones de l'est de l'Ukraine : ils veulent quoi, exactement ? Ceux de l'Ouest, ils veulent quoi, et pour quelles raisons ? J'ai arrêté d'écouter les éditorialistes et coupé ma télé, parce qu'en idiocratie, faire du bruit avec sa bouche suffit à être un expert en tout, et que moi qui ne sais pas grand-chose, je n'apprends rien de plus. J'aurais néanmoins aimé entendre le commandant Sylvestre sur la géopolitique du coin.

Je lis quand même des trucs, rassurez-vous. J'ai des lunettes pour lire de près. Seul constat objectif, indubitablement un fait, une chaîne de télé, Russia Today, ainsi qu'une agence de presse, Spoutnik, ont été interdites par Von der Layen dans toute l'Europe à cette occasion. Afin d'éviter la propagande que ces deux médias avaient commencée, en présentant la guerre avec le narratif russe « d'opération spéciale ». Le fait est que la Russie est entrée en Ukraine, qu'elle est clairement l'agresseur, et que Poutine n'est pas un gentil. Ça, tout le monde le dit, tous les jours, partout, et à juste titre : c'est vrai. La guerre dans le Donbass depuis 2014, on verra ça un autre jour.

En tant que caricaturiste, je n'aurais sans doute pas pu m'empêcher de rappeler que, du coup, le narratif de l'Otan étant le seul qui nous parvient, il ne vaut que par cette exclusivité et qu'il est, donc, questionnable. Personne ne pense à le remettre en cause ni simplement à l'interroger, et les rares qui le font sont taxés de complotisme, mot fourre-tout de l'époque, n'ayant qu'une fonction à faire valoir : débrancher l'émetteur. « Qui parle, pourquoi de cette façon et par ce canal, et pourquoi maintenant et pas hier ou pas demain ? » Le questionnement de base est ignoré. Résultat : complotiste le questionneur, collabo celui qui insiste.

Je ne sais plus si c'est Raymond Poulidor ou Rudyard Kipling qui disait : « La première victime de la guerre, c'est la vérité », mais il avait raison.

L'originalité à tout prix n'est pas la garantie de s'émanciper du banal. Elle montre toutefois la volonté d'une observation moins moutonnière d'un moment donné. L'originalité peut aussi se trouver dans le silence. Celui-ci devient original si, comme je le crois, quelqu'un qui se distingue de la foule, quelles que soient les circonstances, n'est jamais vraiment un idiot. Il faut pour cela que la réaction de l'émetteur soit attendue au minimum par le récepteur. Aux *Guignols*, c'était le cas. Trois millions cinq cent mille téléspectateurs venaient d'abord rire, mais aussi voir ce que nous pensions d'un sujet. L'émission de la bande à Charline avec ses un million trois cent mille auditeurs quotidiens, c'était aussi le cas. Du coup... pourquoi ce succès a-t-il été retiré de l'antenne au risque de pénaliser la tranche horaire durablement ? C'est curieux, ce truc, non, pour des professionnels de radio ?

Le journal des *Guignols* du 16 novembre 2005 s'est terminé sur trois minutes de silence. Rappel des faits : depuis dix jours, la France est aux prises avec des émeutes consécutives à la mort de deux adolescents à Clichy-sous-Bois, Zyed Benna et Bouna Traoré, morts électrocutés dans un transformateur où ils s'étaient réfugiés pour échapper à un contrôle de police. Nicolas Sarkozy, ministre de l'Intérieur, emploie chaque jour une sémantique guerrière qui n'apaise en rien la situation.

Nous traitons évidemment le sujet, mais chaque nuit des voitures brûlées et des violences viennent s'ajouter à celles de la veille. L'état d'urgence est décrété, et même un couvre-feu sur le département de la Seine-Saint-Denis. C'est la surenchère des commentaires, chacun y allant de son opinion, nous compris. Le clivage est énorme et nous faisons partie du problème en participant à la confusion qui règne. On se laisse emporter par le traitement médiatique de cette situation. Nous nous en rendons compte.

Le JT des *Guignols* du 16 novembre 2005 est particulièrement pénible à faire: nous n'avons pas envie de rire, et pourtant il faut bien « faire notre travail ». C'est là que l'idée est née. PPD commence le journal normalement, mais sur un ton morose, puis après avoir lancé plusieurs sujets, il s'arrête... Il n'en peut plus. Il craque. Il évoque alors le racisme ambiant dans un pays en état d'urgence, la violence, l'absence de dialogue et de solutions politiques, parce qu'au fond c'est un problème politique, et il ajoute que la télévision est responsable, lui y compris. C'est-à-dire qu'il se fait, à ce moment-là, clairement la voix des auteurs, sans ambiguïté. Puis il demande combien de temps d'émission il reste et... propose de faire silence jusqu'à la fin, pour réfléchir « sans avis, sans commentaires, sans rien ». Puis il s'exécute et se tait. Un déroulant apparaît sur l'écran : « Ceci n'est pas un incident technique, ce sont trois minutes de silence volontaire, pour réfléchir. »

Trois minutes de silence à la télévision, c'était totalement inédit. Et c'est extrêmement long. Philippe Gildas avait été mis au courant. Il ne couperait pas. Mais ça lui a coûté ; la chose qu'il détestait le plus, c'était les « blancs » à l'antenne. À la fin des trois minutes : générique de fin. Rien d'autre. Pas de commentaires. Dans le studio, certains ont hué. Je ne sais pas si c'était parce qu'on les forçait à réfléchir à cette situation, ou parce qu'ils avaient le sentiment d'avoir été dépossédés d'une partie du spectacle par ce qui s'apparentait plus à un *happening* qu'à un show de marionnettes. Mais ce que nous voulions exprimer comme auteurs ce jour-là ne pouvait s'illustrer que de cette façon.

Toute ressemblance avec le meurtre par balle d'un ado de dix-sept ans par un policier n'est pas fortuite. Quoi qu'ait fait cet ado, on ne tire pas une balle dans sa tête, monsieur le policier. On ne tue pas. Oui, on le laisse partir, on a la plaque d'immatriculation, les caméras de surveillance, les témoins… On va le retrouver, t'inquiète. Là où il aurait fallu réflexion, silence parfois, calme, et apporter des solutions politiques à un problème provoqué par des choix politiques depuis des décennies de concentration de misère dans les mêmes endroits, un ministre a fait les gros bras : « Vous reculerez, pas la République ! » Le Président dans sa réaction première a dit que tuer un ado de dix-sept ans, c'était « inexcusable », un accès d'humanité de sa part… Puis, il a tout excusé quelques jours plus tard. Il a peur de sa police ? Comme si piquer des godasses à La Halle aux chaussures constituait une attaque contre la République, c'est un vol, avec effraction s'il a cassé la vitrine, c'est pas bien, c'est condamnable, mais ça reste un délit, pas un crime contre la République. Quand des idiots agissent comme des idiots et que la réaction face à l'idiotie est aussi une idiotie, sortir de la situation est impossible. La police gagne toujours en renvoyant *in fine* à coups de bâton les révoltés dans leurs foyers. Mais jusqu'à la prochaine fois seulement. Ils n'ont pas gagné le respect, seul garant d'un équilibre durable entre individus pas forcément d'accord. C'est ce qu'on voulait dire en faisant silence ce jour-là, longuement et en direct. Visiblement, notre méthode n'a pas fonctionné : 2005, 2023, mêmes causes, mêmes effets. Fatigue.

Il est évident que si tu fais silence à la radio… ça marche moins.

Il y a un argument que les détracteurs de l'humour politique emploient souvent : « Ils se prennent pour qui, à donner des leçons ? Qu'ils fassent des blagues, point-barre, c'est ça qui est drôle, les blagues, tu connais celle du pédé qui va à la mine ? Eh ben, c'est un pédé qui descend dans une mine… » Bref. Il faut parfois renoncer à faire des blagues.

« De toute façon, les auteurs des *Guignols* n'écoutent rien, ils se croient intouchables et si un politique ose les critiquer, ils en remettent une couche, cette situation n'est pas tolérable. »

C'est le genre des choses que nos détracteurs disaient en ajoutant que nous étions des gauchistes et des enfants gâtés. Des anarchistes vivant comme des millionnaires en quelque sorte, mais capables de citer *Starmania*, ce qui montre que je suis resté simple. Ils ne trouvaient pas cette situation « normale ».

Il n'est pas faux de dire que l'émission était le fruit d'une situation « anormale », si on pense qu'une situation normale en matière de satire est le contrôle par une autorité quelconque de la parole satirique. De ce point de vue, nous avions gagné la confiance des premiers patrons et, par le travail et le succès, sanctuarisé l'émission. Je pensais naïvement que *C'est encore nous* l'était aussi, sanctuarisée, puisque la bande à Charline avait détrôné en audience les indéboulonnables *Grosses Têtes* de la maison d'en face. Je l'ai dit, quand un auteur satirique sait qu'il blesse quelqu'un en le prenant pour cible récurrente, c'est sa conscience qui lui dicte de s'arrêter ou pas. Pour moi, la limite, c'est le pouvoir que détient celui qui est caricaturé. Un homme ou une femme politique a un mandat dont la durée est limitée dans le temps. Il a des comptes à rendre à ses électeurs, il doit répondre à l'opposition, essuyer des critiques à la télé et à la radio, y compris de mauvaise foi par des comiques. C'est une situation normale. Encore une fois, le cadre est défini et clairement exposé. *C'est encore nous* ne s'est jamais présenté comme une émission d'information sérieuse, mais comme un espace de rigolade à base d'actualité. Le positionnement est clair. Une émission satirique ayant pour nom *Les Guignols de l'info*, encadrée par un générique de début et un générique de fin, ne peut pas être prise pour autre chose que ce qu'elle est : une émission pas sérieuse qui peut dire des choses sérieuses.

Un homme ou une femme politique qui a une parole publique n'est pas faible. Attaquer son pouvoir est une nécessité et une charge qui incombe à l'opposition politique et aux rigolos des émissions de satire ! Rappeler sa « simple condition » à une personne, dépositaire éphémère d'un pouvoir octroyé par le vote, est bien une nécessité. La ramener à hauteur d'humains, une exigence. Et il y a (il y avait) des auteurs pour ça. L'armée romaine rappelait bien à ses généraux, en se moquant d'eux lors des triomphes à Rome : « *Regarde autour de toi et n'oublie pas que tu n'es qu'un homme*[48]. » Ce que de féroces généraux romains acceptaient ferait peur à des gentils démocrates ? Allons…

Pour un chanteur, une joueuse de tennis ou un footballeur, évidemment, les généraux, le triomphe romain et tout le cérémonial, ça ne joue pas. Se moquer d'eux peut apparaître gratuit et, honnêtement, aux *Guignols*, ça l'était souvent. On peut parler de l'importance de MBappé dans le processus de communication de Macron, mais c'est tellement ridicule que, même chez LREM (je sais qu'ils ont changé de nom, mais je fais ce que je veux), ils sont gênés.

Surtout, n'oublions pas la construction de l'émission *Les Guignols de l'info*, la hiérarchisation entre l'image du jour, les lucarnes, l'invité et la lucarne de fin. Prenons cinq minutes pour y revenir, c'est important pour comprendre la suite. Premièrement, je le redis, *Les Guignols* ne

48. Tertullien, Apologétique, Livre XXXIII : « Lors même qu'il est porté sur ce pompeux char de triomphe, on a soin de l'avertir qu'il est homme ; quelqu'un est placé derrière lui pour le lui dire : "Regarde derrière toi, et souviens-toi que tu es homme." Rien de si flatteur, de si propre à lui donner la plus haute hauteur de sa gloire, que cette précaution qu'on juge nécessaire, de le faire ressouvenir de ce qu'il est. Il serait moins grand si on l'appelait Dieu, parce qu'il sentirait que c'est une fausseté. Il est bien plus grand quand on l'avertit de ne pas se croire Dieu. »

traitaient pas l'info elle-même mais le commentaire médiatique de cette info. Une mise en abyme de la représentation du politique.

C'est une parenthèse ou une incise qui va suivre, un secret de fabrication, vous pouvez sauter le passage si vous savez déjà comment était construite cette émission et pourquoi elle l'était de cette façon – mais j'en doute.

La structure de l'émission

Comment écrire chaque jour entre huit et dix minutes de show et garder la qualité sur la longueur ? La question nous était posée dix fois par jour. La première chose que nous avons créée, c'est une grille d'écriture. Un cadre. Une prison confortable dont on ne sort pas. Ainsi, chaque soir, les téléspectateurs trouvaient ce qu'ils étaient venus chercher et n'étaient surpris que par la façon dont nous traitions ce qu'ils regardaient. Tous les jours, c'était la même chose : après le générique, une image du jour, la présentation de l'invité, trois lucarnes, un sketch enregistré, l'interview de l'invité et une lucarne de fin. Donc, six idées à trouver seulement. Moins affolant que « créer dix minutes tous les jours ».

Quand on écoutait *C'est encore nous*, on retrouvait la même structure chaque jour, les mêmes chroniques aux mêmes horaires pour des durées identiques.

Les Guignols, ça commençait par… le générique, ça a l'air inutile de le dire, mais c'est d'une importance capitale.

C'est l'appel des troupes, le cri de ralliement, le tam-tam qui dit : « Ça commence ! » (Le rap des Tambours du Bronx est évocateur de ça.) La télé de salon, c'est avant tout du son. L'image vient en complément. Quand on est chez soi, on est distrait par la vie qui nous entoure et, pour tout dire, on a autre chose à faire que regarder un meuble. Du coup, souvent, on entend avant de voir. Ensuite, ce qui provoque une réaction, c'est quand ce qui est dit télescope ce qui est vu et le déstructure, cela crée un malaise, ou le rire. Avec l'avènement des podcasts, la consommation de ce type d'émissions a bien évolué. Des millions de vues à toute heure… impressionnant.

Le son est primordial. C'est pour cette raison qu'il y a des commentaires sur les matchs de foot. Parce que, sans eux, la distance entre l'image et le public serait trop importante pour que la concentration soit maximale.

Les images du générique ont changé tous les trois ans en moyenne, de façon imperceptible parfois, mais la musique est longtemps restée la même ! C'était elle qui disait : « Ça commence ! »

– L'image du jour

C'était le traitement de l'information principale de la journée. Ce que le public qui regarde à 19 h 57 sait déjà et qu'il espère voir traité dans l'émission. L'horaire est essentiel, 19 h 57, c'est l'heure où toutes les autres chaînes diffusaient leurs spots de pub et où il y avait une grande volatilité dans l'audience. On en captait le maximum parce que Canal+ à cette heure-là n'était pas tenu de diffuser de la pub pour vivre. Le principe satirique de l'image du jour était l'exagération ou la minoration de l'événement choisi. C'est un moment important car il donne le *la*, le ton de l'émission du jour.

La juxtaposition de deux événements, qui compare des choses d'importance inégale, était souvent utilisée pour minorer le drame quand une information incontournable ne prêtait absolument pas au rire par la moquerie ou la légèreté. L'exemple le plus significatif de traitement par juxtaposition est le suicide de Pierre Bérégovoy, le samedi 1er mai 1993. Comment parler d'une information d'une telle intensité dramatique ? D'autant que les caricaturistes étaient accusés d'avoir participé à la déstabilisation émotionnelle de l'ancien Premier ministre et donc, en creux, d'être en partie responsable de son suicide. *Les Guignols* sont encore seuls sur le traitement humoristique de ce drame car *Le Bébête Show*, comme pour la guerre du Golfe, suspend son émission une semaine et prend le deuil. Laissant penser qu'ils sont un peu responsables. Pierre Lescure nous demande si on peut envisager de faire la même chose. Nous ne sommes pas responsables de ce suicide. De Greef nous soutient. Lescure se laisse convaincre et demande seulement à lire le texte avant.

Mais comment traiter ça ? Comment être délicat ? Souvenons-nous que *Les Guignols* n'abordent pas l'actualité comme des chansonniers le feraient, frontalement, mais par le traitement qu'en font les médias ; ils satirisent la façon dont la télévision manipule, arrange, ou triture une information pour orienter les conclusions que doivent tirer ceux à qui elle s'adresse et dont le cerveau a été rendu disponible par du divertissement juste avant[49]. Les journalistes s'étant imposés depuis les années 1980 comme des médiateurs entre les gouvernants et la chose publique, il était juste qu'ils deviennent la cible privilégiée des blagueurs patentés. Après tout, quand on se veut analyste, commentateur, éditorialiste et exégète de l'homme politique, et qu'on en est, en réalité, que le paraphrasant porte-parole, voire le traducteur quand le politique s'est mal fait comprendre, il est normal qu'ils se fassent vanner en priorité et, franchement, tout le monde ricane lorsqu'un nouveau Duhamel apparaît dans le paysage. Reprendre la boutique est une tradition chez les petits commerçants, ne jugeons pas. PPD, marionnette de Patrick Poivre d'Arvor, est l'illustration extrême de cette situation, il en est le double en latex, harcèlement sexuel excepté ; dans ce domaine, la version « en viande » est à un autre niveau de compétence, pratiquement inégalable – en quarante ans d'exercice.

Dans le cas du suicide de Pierre Bérégovoy, toutes les chaînes, tous les journalistes, tous les analystes sont en boucle tout le week-end : chercher une explication à l'inexplicable occupe l'espace médiatique. Le 1er mai est un samedi, pas d'émission. Le 2 mai, le dimanche, Éric Cantona est sacré champion d'Angleterre de football

49. Patrick Le Lay, dépêche AFP du 9 juillet 2004, reprise notamment par *Libération* (10-11 juillet 2004) : « Patrick Le Lay, décerveleur. » Le PDG de TF1 disait que son travail était de vendre du temps de cerveau disponible à Coca-Cola. (Voir citation complète en annexe).

avec Manchester United. L'image du jour, le lundi 3 mai, ce sera lui. C'est l'une de nos marionnettes vedettes. On va juxtaposer deux événements de valeur inégale. Éric Cantona apparaît, dans son personnage bougon, se plaint d'être trop invité alors qu'il ne le mérite pas et quitte le plateau : « Si c'est ça, je m'en vais. » Il *disparaît* en quelque sorte. PPD est choqué, abasourdi. Il veut marquer le coup, dire « quelque chose » ! Ce jour-là, tout le JT est consacré à ce *départ* : PPD commencera par : « Je vous rappelle que nous ne sommes pas là pour expliquer les raisons du départ d'Éric, mais pour les imaginer », suggérant ainsi l'incompréhension qui habite chacun de nous face à un acte comme le suicide, personnel, et aux motivations si intimes que l'impudeur consiste avant tout à essayer de le rationaliser. C'est ce que font sans aucune retenue tous les médias depuis la mort de Bérégovoy.

PPD invite donc des journalistes (Claire Chazal, Gérard Carreyrou) à commenter ce *départ* : ils qui ne savent pas quoi dire et avouent ne rien connaître au foot ; suivront son entraîneur en équipe de France (Platini) et son ami de toujours (Jean-Pierre Papin) qui ne comprend pas son geste techniquement ; Bernard-Henri Lévy donnera son avis aussi parce qu'il faut toujours demander son avis à BHL, quel que soit le sujet, c'est obligatoire, et de toute façon il est chez lui dans les médias, il a les clés ; puis ce sera le tour du gardien du parking de Canal+ qui l'a vu en dernier ; et enfin la sage-femme qui accoucha Éric Cantona, qui fut la première à le voir et à ce titre le connaît mieux que tout le monde ; tous rivalisant d'explications absurdes sur le *geste inexplicable d'Éric.* Une métaphore autour des suranalyses des médias quant à l'acte commis par Pierre Bérégovoy. PPD conclut le journal par : « Quand on ne sait pas quoi dire d'un événement, le plus important, c'est d'en parler. » Pierre Lescure nous enverra un mot louant notre pudeur et notre finesse, qui allait au-delà de l'*intelligence maligne.* On prend toujours ce genre de compliment avec bonheur, patron.

– Les lucarnes

C'est le domaine du théâtre noir situé à la gauche de PPD, à droite pour le téléspectateur (au début, elle était située de l'autre côté, mais le sens de lecture occidental – de gauche à droite – rend plus efficaces les illustrations situées à gauche de celui qui parle).

Généralement au nombre de trois, elles traitent hiérarchiquement les actualités du jour, de la plus importante à la moins intéressante, tout en jouant avec ces notions. Par exemple, donner une importance très relative, en troisième lucarne et de façon dérisoire, à une information politique que tous les médias mettent en Une. C'était bref et ponctué par un jingle qui disait : « Allez-y, c'est là qu'il faut rire. » Quand c'était pas très drôle, il était important, ce jingle.

– Le sketch enregistré

C'est une fiction, tournée trois semaines avant sa diffusion. Ces sketches étaient aussi un laboratoire pour de nouveaux auteurs. Une trentaine de postulants durant le temps où j'y suis resté. Ils étaient encadrés par Yves Le Rolland, le directeur artistique des *Guignols.*

Certains sont restés quinze ans, d'autres dix minutes, mais la porte n'a jamais été fermée. C'était la partie la mieux filmée, la plus proche de la fiction, du cinéma en deux minutes. Presque du cinéma.

– L'invité de PPD

C'est le cœur du JT. On y traite la plus grosse actualité de la journée, souvent en résonance avec l'image du jour. L'invité de PPD, c'est le moment théâtral des *Guignols*, dans lequel les dialogues sont privilégiés. C'est ici que sont nés les *gimmick*s, « Vous regardez trop la télévision, bonsoir ! » et « Atchao, bonsoir ! » étant les plus récurrents. Mon préféré était la phrase de fin de la rediffusion du dimanche : « Vous pouvez maintenant éteindre votre téléviseur et reprendre une activité normale. »

– La lucarne de fin

C'est ce qui va clore le journal ; dans notre hiérarchie des infos, la culture, le sport et le *people* sont les principales sources de la « luc' deuf' ».

C'est dans cette dernière qu'apparaissaient les futilités pour lesquelles nous avons parfois renoncé à faire des blagues.

Nous avons reculé. *Autocensure ! Les lâches, ce sont des vendus, je le savais !* Quand avons-nous reculé ? Amélie Mauresmo, championne française de tennis, est l'exemple le plus parlant de notre renoncement volontaire à faire des blagues. En 1999, la presse parle du dopage dans tous les sports. Et donc, dans le milieu du tennis. Amélie Mauresmo a une musculature saillante, le menton carré, et elle frappe la balle très très fort, il n'en faut pas beaucoup plus pour qu'elle incarne, aux *Guignols*, le stéréotype de la sportive dopée. Sa marionnette (un anonyme transformé) était affublée d'une voix d'homme très grave et se comportait de façon machiste. Trois jours après sa première apparition en lucarne de fin, le magazine *Paris Match* affiche Amélie Mauresmo en Une[50]. Elle fait son *coming out* et présente sa femme. Les orientations sexuelles des gens ont si peu d'importance pour les auteurs des *Guignols* qu'on ne relève même pas. Pourtant c'est essentiel.

De personnage hyper musclé incarnant le dopage, elle est devenue victime de notre supposée homophobie. C'était tellement absurde que nous avons refusé d'arrêter de traiter le sujet. Mais, comme on oublie au passage de préciser quotidiennement que nous parlons avant tout de dopage, ça devient simplement de la moquerie gratuite et… pour ceux qui avaient envie de se payer *Les Guignols*, homophobe. Même si nous voyons le problème, on insiste et le personnage devient drôle et s'impose. Pierre Lescure me croise par hasard dans les couloirs : « OK les gars, c'est drôle, mais… elle a fait quoi de mal, cette femme, pour mériter d'être tous les jours dans votre JT ? Elle joue au tennis, quel pouvoir a-t-elle ? Ce que vous faites est marrant, mais n'est plus compris, une partie du public croit que vous vous moquez des femmes homosexuelles. » Il ne nous a pas demandé explicitement d'arrêter. Il a juste dit ce qu'il avait à dire. À nous de l'entendre ou pas. Il était

50. voir annexes.

impossible de se justifier. Faire quoi ? Dire : *« Nous ne sommes pas homophobes, laissez-nous nous amuser, même si une partie de notre public en profite pour exprimer son homophobie » ?* L'émetteur avait été brouillé : il envoyait un signal qu'il croyait clair, le récepteur en recevait un autre. Il n'y a qu'un moyen de stopper l'incompréhension : ne plus alimenter l'émetteur.

Nous couperons plusieurs fois l'émetteur, mais jamais pour des politiciens, sauf...

Thierry Rey encore, pendant la campagne présidentielle de 2002. Chirac se sert de son petit-fils pour marquer l'image du grand-père sympa qu'il faut à tout prix imposer à la place du vieil homme fatigué et usé qu'il est en réalité, afin de se faire réélire... ce qui semble perdu d'avance. Articles complaisants dans la presse féminine, Une de *Paris Match*... déjà les mêmes. On bricole une marionnette du petit-fils et on s'amuse. Thierry Rey est venu me voir et m'a dit en gros : « Vous avez trouvé un angle, c'est drôle, mon fils va devenir une vedette et n'a rien demandé, il va peut-être en baver. Moi, j'ai dit à Chirac d'arrêter avec lui, je ne peux pas faire moins avec toi. »

Le soir même, on arrêtait parce qu'il avait raison sur toute la ligne. Et Chirac a arrêté aussi.

On a reculé aussi sur *ispice di counasse*. On mettait cette locution (qui s'apparenterait aujourd'hui à de l'appropriation culturelle, non ?) dans la bouche de Ben Laden et de Mollah Omar pour dénoncer la façon dont ils traitaient les femmes. Il nous est revenu aux oreilles que des bas-du-front se mettaient à appeler les femmes comme ça, sans recul, sans raison autre que leur idiotie crasse. Je vois bien la critique pointer son nez de fouine : *Ce sont des musulmans fans de Ben Laden qui faisaient ça ! Dites-le !* Eh bien non, il y avait de tout, mais la connotation raciste et l'accent emportent tout. On a arrêté de faire dire ça à Ben Laden. Trop tard visiblement, l'expression est encore employée aujourd'hui.

Si on ne s'est jamais présentés comme comiques ou humoristes, il a parfois été nécessaire de le rappeler : nous étions une émission satirique appelée *Les Guignols de l'info*. On a déclenché des débats dans la société, sur des « infos » qui étaient au départ des blagues. Dans l'émission du 8 mai 1997, on faisait dire à la marionnette d'Helmut Kohl, chancelier allemand, à propos de la dissolution de l'Assemblée nationale par Chirac : *« En Allemagne, quand on décide de faire du saut à l'élastique, on prend un élastique ! »* Certains journalistes ont attribué cette phrase au vrai Helmut Kohl.

Début de l'année 2000, après de nombreuses polémiques autour du livre de Guillaume Durand, *La Peur bleue*, *Les Guignols* se retrouvent à faire l'actualité. Cent soixante-dix articles de presse, des émissions de radio et de télé pendant trois semaines pour dire en substance que l'émission est en dérapage complet, qu'elle fait du mal aux gens, que c'est une officine téléguidée par sa direction, qu'elle n'est plus pertinente et plus drôle du tout. C'est le droit des critiques de critiquer, on était mal placés pour dire le contraire, évidemment.

La difficulté est de traiter le sujet. Nous *sommes* l'actualité du moment. Impossible pour une émission qui vit de l'actualité quotidienne de passer à côté du débat qui s'est ouvert malgré nous et dont nous sommes l'objet. Le vendredi 3 mars, dans l'émission, PPD annonce l'arrêt des *Guignols de l'info* et finit le JT par : « Adieu, bonsoir. » Nous savons qu'on va nous poser des questions et nous décidons, auteurs et direction artistique, de couper nos téléphones pendant le week-end. Toute la presse, je dis bien *toute la presse,* commente « l'information » tout le week-end. Les journalistes cherchent à nous joindre. On se parle entre nous mais on ne répond pas aux autres. Je ne réponds même pas à la directrice de communication de Canal+ qui est en panique et ne sait pas quoi dire pour faire son travail. Le dimanche midi, nous appelons Lescure et de Greef. Nous les mettons dans la confidence de ce que nous avons prévu. Le lundi soir, nous ferons notre meilleure audience, car nous sommes à l'antenne évidemment, pour une émission courte où PPD rappellera que ce qui est dit dans *Les Guignols* n'est pas de l'information, mais du commentaire de l'information. Et que ce commentaire est de la fiction soutenue par des blagues. Le mardi, une partie de la presse seulement[51] soulignera, bonne joueuse, qu'elle s'est laissée entraîner dans une interprétation erronée de la fonction de notre émission. Un grand moment de mise en abyme, indispensable pour redire notre place dans le paysage audiovisuel :

51. *Libération* et *L'Humanité*, 7 mars 2000.

un éclairage complémentaire sur les événements qui se passent, rien de plus.

Je pourrais raconter mille anecdotes encore mais je ferai un autre livre pour ça.

Nan, je rigole.

Pour en revenir à « la bande à Charline », la difficulté qui est la leur relève de l'exposition personnelle. C'est facile de se cacher derrière une marionnette et de faire l'auteur, on nous a assez reproché d'être des snipers, c'est-à-dire des gens cachés, loin de leurs cibles, qui les shootent sans pitié et de sang-froid. C'est d'une grande violence de dire ça. C'est même insultant. Quand on s'expose soi-même avec sa voix et son visage, puisqu'aujourd'hui, la radio, c'est filmé, ma bonne dame, il est plus difficile de faire admettre que ce qu'on dit est de la blague, et pas du militantisme quand la blague est politique. C'est très compliqué quand le RN envoie de jeunes enflures à l'air sympathique dire qu'ils aiment l'humour, que même parfois *C'est encore nous* les faisait rire, mais seulement quand c'était drôle et que franchir la frontière entre le journalisme, le militantisme et la blague est inadmissible. Certains sont bons. C'est bien ça qui est dangereux et qui les portera au pouvoir en 2027. En tous les cas, au moment où j'écris ça, c'est ce qui est prévu et orchestré. Sciemment ou pas. Ce sont eux qui décrètent ce qui est militant ou pas et où se trouve la frontière ; ils sont entendus par leurs troupes et c'est bien l'unique objectif. Et chaque fois que tu te défends, tu remets un jeton dans la machine.

Je suis sûr qu'ils ne diront rien sur l'émission du dimanche, au moins au début, parce que ce serait lui redonner une visibilité, or, ils sont tellement heureux que vous n'en ayez plus, les amis.

L'évolution des supports et des médias a considérablement changé le rapport émetteur/récepteur. Par exemple, le putschito (c'est un petit putsch) du groupe de mercenaires Wagner et de son patron, Prigojine, a été relayé et commenté sur un *space* twitter par des journalistes anglais spécialistes de la Russie et un ancien de la CIA, ainsi que, d'après ce que j'ai pu comprendre des correspondants en Russie, devant cent cinquante mille personnes dont moi. J'ai appris que le convoi Wagner faisait demi-tour sur l'autoroute, ce qui est interdit et dangereux, en temps réel. J'ai mis France Info qui ne disait rien de l'info et commentait encore la situation à Rostov. Comme c'était possiblement du narratif russe, soit ils n'écoutaient pas, soit ils ne relayaient pas. Dans les deux cas, l'info n'était que partielle et les auditeurs les plus curieux ne comprenaient pas pourquoi sur les rézosocios, on disait des choses et sur les médias officiels, d'autres choses. Je comprends France Info. Si ça avait été une fausse nouvelle, ce demi-tour sur l'autoroute, qu'est-ce qu'ils auraient pris. Seulement c'était vrai. Après coup, les *analyses* assénées par des *experts* journalistes, principalement experts en journalisme, étaient bien faibles et faites de conjectures pour occuper l'antenne ; et le doute sur la pertinence des médias officiels s'est renforcé un peu plus.

Les réseaux sociaux sont réactifs à une actualité dans la minute où elle a lieu. La dispersion de l'audience implique un rapport plus personnel à la satire. Sur un téléphone, on s'adresse à une seule personne, c'est très différent de la télé de salon, partagée par la famille. L'analyse satirique d'aujourd'hui serait sans doute pertinente, mais où ? À la télé, en s'adressant à un public âgé et non concerné ? Sur le Net, support idoine ? Mais le coût d'une émission pour faire cette satire quotidienne serait trop important pour que quiconque investisse dans ce projet sans réel modèle économique garant de sa rentabilité. Trouver un milliardaire mécène ? Si vous avez un nom et une adresse, je prends l'argent. Je passerais pour un vendu, mais comme c'est la mode en idiocratie, je serais loué par les idiots épatés : « Hé, le gaucho, tu prends le fric du milliardaire, ha ha, fais ce que je dis, pas ce que je fais, hein, gauchiasse. Bon, en même temps, t'as raison, nique tout le monde. »

Aujourd'hui, chacun peut faire du détournement d'image, de la caricature, des sketches ironiques à moindre coût et les diffuser largement. La liberté d'expression électronique était totale. On sent comme une volonté de la restreindre. Elon Musk avait promis que Twitter serait toujours gratuit, il a changé le nom, maintenant ça s'appelle « X » et il fait payer, limite le nombre de publications que l'on peut consulter si on ne paye pas, à sa guise et quand il veut. Huit mille pour les abonnés, et huit cents pour les autres. Ça n'a pas l'air de choquer grand monde. La prochaine révolte sera l'occasion de promouvoir les images de chats rigolos plutôt que les incendies. Merci Elon, tu as inventé l'Internet Potemkine. « Bien fai pour toi le gaucho tu peux plus passait ton temp sur twitter ? achète toi une vie. » Comme si c'était le problème. Idiocratie.

Et avec l'IA et le *deepfake*, plus ChatGPT, bonne chance pour retrouver dans la botte de foin de l'info l'aiguille pertinente et juste pour en rire. On est tellement loin dans le portnawak que là où on doutait du commentaire d'une info, on en est à douter de l'info elle-même. « Il y a des tornades et des cyclones de plus en plus violents et fréquents, partout, et des incendies géants, c'est pas normal ! — Ouais, mais si ça se trouve : non, les images c'est pas des vraies et de toute façon comme la terre ai plate, les tornades sait pas possible, scientifiquement sait prouver sur internet, DTC. » L'idiocratie est soutenue et sa diffusion amplifiée par la technique.

Le décalage entre l'intelligence qu'il a fallu pour développer toute cette technologie, et son utilisation pour des crétineries est extraordinaire. C'était déjà la même chose avec la télévision à ses débuts, mais à un degré moindre, non comparable.

Manipuler les faits, créer des vérités alternatives, construire un candidat de toutes pièces en élucubrant un *storytelling* avantageux sont devenus des constantes de la politique. La place des auteurs dans ce processus est importante. Le cinéma et la politique ont une profession en commun, avec maquilleur et coiffeur, c'est « *script doctor* ». Soigner et réécrire une histoire, ou l'Histoire, est devenu un travail comme un autre. Malheureusement, McKinsey a trusté le marché et ça va pas être facile à déloger, c'te bête-là.

Quand le travail est bien fait, un film qui ne devait pas se faire finit par voir le jour, et un candidat qui ne devait pas obtenir de mandat finit par être élu. Mais, si un mauvais film ne reste en salle que quelques jours, un mauvais élu est là pour des années et a un impact important sur la vie des gens.

La satire, si elle ne change pas une situation, permet de l'ouvrir à la compréhension de son auditoire. Au-delà de l'évolution des supports et des médias, le devoir de rire de tout, quelles que soient les modalités de vulgarisation satirique choisies, s'impose plus que jamais. Restreindre l'expression satirique à la télévision pour y privilégier la bonne grosse déconne, c'est fait.

La médiatisation spectaculaire des *Guignols* a protégé l'émission pendant vingt-cinq ans – inespéré. Seul l'insuccès pouvait y mettre un terme. Encore fallait-il l'organiser convenablement. Au sens où il fallait rendre l'arrêt de l'émission *convenable.*

Le confort matériel que procure le succès donne un angle d'attaque saillant quand il faut démonter le chapiteau du cirque. Lorsque la fin des *Guignols* fut actée, le salaire des auteurs est curieusement sorti dans la presse, pour dire : « Voyez les gauchistes appointés ce qu'ils gagnent en critiquant tout ! » Ardisson a participé à ça en balançant mon salaire : cinquante mille ! Je me suis demandé d'où il sortait ce chiffre, et pourquoi il le sortait puisque je n'écrivais plus l'émission depuis déjà dix ans. Et que je n'ai jamais gagné cette somme. J'ai cherché et j'ai trouvé : c'était mon contrat de 1994, rédigé… en francs. C'est un bon salaire quand même, je le reconnais, et Ardisson un bon toutou quand sa propre gamelle est en question. Thierry a aussi des bons côtés. Mais, avec l'âge, je ne me souviens plus lesquels. La vieillesse est un naufrage, disait ce bon vieux Charles. Je parle de moi et de ma mémoire évidemment.

Le plus gênant dans cette histoire, à part qu'il ne faut pas regarder que les chiffres dans un contrat, c'est que quelqu'un le lui a fait parvenir, qu'il l'a accepté et l'a rendu public. Un complot ?! Fichtre.

Bon, je gagnais moins, revenus totaux : plus ou moins trente mille euros, droits Sacem compris. Il suffisait de demander, je n'ai jamais caché ce que je gagnais honnêtement. Après… ce que je fais la nuit, travesti, dans les bois autour de Paris, ne regarde que moi… et mon chien… et ma mère, et c'est pas déclaré au fisc, donc…

J'ai refusé de retourner dans une de ses émissions et il faut être honnête, après le premier refus, il a arrêté de me le proposer. Mais c'est moi qui ai commencé. Na !

Aujourd'hui, des professeurs, des philosophes, des avocats, des médecins viennent me dire que les Guignols ont été pour quelque chose dans le développement de leur sens critique, que ça les a bien fait rire pendant leurs études, que c'était leur moment détente de la semaine… Je suis touché. Tous les livreurs, carreleurs, maçons que je croise me demandent plutôt quand est-ce qu'on revient.

On leur manque, paraît-il. J'ai l'impression de ne pas avoir travaillé pour rien, en même temps que je suis accablé par ce qu'ils me renvoient : j'ai de moins en moins de temps devant moi, alors que je n'avais rien de plus précieux. Il y a un projet, *Les Marioles*, sur un site d'info, Blast. On verra si ça peut exister. Mais ça ne sera pas quotidien.

Moi, c'est une publicité qui m'a permis de trouver le chemin vers le sens critique : « Si vous avez de l'argent à foutre en l'air, achetez *Charlie Hebdo*, si vous n'en avez pas : volez-le[52]. » Je n'en avais pas. Découvrir *Charlie Hebdo* pour moi fut un soulagement, comme quitter les chaussures trop grandes de la littérature pour mettre des chaussons à ma taille. L'écriture, ce n'est donc pas seulement la comtesse de Ségur, des philosophes anarchistes théorisant une révolution mondiale à coups de vérités pompeuses, et des auteurs de théâtre qui s'expriment dans un langage ampoulé et désuet que j'essayais de lire, en autodidacte, quand j'avais seize ans ?

L'écriture peut ressembler à ce qu'on dit tous les jours ? Les mots des gens peuvent, lorsqu'ils sont mis dans le bon ordre, faire des histoires complexes, touchantes, intéressantes et faciles à lire ? Sans être aussi plates que dans le journal quotidien de papa ? Mais que ne m'a-t-on pas prévenu plus tôt ! Je lis Cavanna, je lis Gébé, Delfeil de Ton, Topor, Van Cauwelaert, etc. J'achète leurs livres et les livres de leurs modèles.

---

52. Slogan créé à l'origine pour *Hara-Kiri*, journal bête et méchant, dans les années 1960.

Charlie Hebdo, celui des années 1970, me guide vers l'ironie, l'esprit, la critique. La mauvaise foi jubilatoire se révèle à moi. Je vais lire Céline ! Dans sa correspondance avec Milton Hindus, évoquant l'œuvre de Proust, il écrit : « Proust explique beaucoup pour mon goût : trois cents pages pour faire comprendre que Tutur encule Tatave, c'est trop[53]. » Vingt mots pour exécuter trois cents pages, injuste, méchant, grandiose ! C'est comme ça que je veux vivre, me suis-je dit : en écrivant. Céline aujourd'hui, il faut y aller avec des pincettes et des gants de cuisine. Ses pamphlets antisémites sont atroces et *Voyage au bout de la nuit* un livre sublime. Comment on fait, Sylvie-Mouloud ? On jette tout, on brûle certains livres, on revient en arrière pour effacer les passages honteux… On fait quoi ? On se cultive ? On explique ? On apprend ?

Mais on est en idiocratie, je rappelle.

Voltaire est au Panthéon pour l'éloge qu'il fait, dans son œuvre écrite, de la liberté et la tolérance. Il était aussi homophobe, antisémite et esclavagiste. Il écrivait moins cet aspect-là de lui, c'est sûr. La clef de lecture de Voltaire qui est la nôtre aujourd'hui est celle de son humanisme, pas celle de ses travers[54]. S'il y avait eu *les rézosocios comment ki se s'rait fait ratio par Sandrine Rousseau l'Voltaire et Finkelkraut il l'aurait défoncé, c't'antisémite…— Candide ? — Toi-même ! Change pas de sujet.*

53. Louis-Ferdinand Céline, lettre à Milton Hindus, 1947, in *Cahiers de l'Herne,* no 5, 1965.
54. Roger-Pol Droit, « La face cachée de Voltaire », *Le Point*, 2 août 2012.

Et la radio ? Pourquoi diable avoir arrêté cette émission, là, celle avec Charline et sa bande ?

La radio est le média du direct et de la ritualité. Mon préféré. Papa avait un transistor noir, à piles, de marque Optalix, branché sur la station Europe N°1, personne n'a jamais su si ce transistor était capable de capter une autre station. La première fois que je suis *passé* à la radio, c'est sur France Inter, au *Pop Club* de José Arthur, ça devait être en 1980. Il donnait un peu de temps d'antenne aux artistes débutants.

Le rapport entre l'auteur, l'humoriste, l'animateur et l'auditeur est plus intime que celui qu'on peut entretenir avec la télévision. La radio du matin, c'est de l'intime. Une voix, une oreille. L'ouïe est plus disponible le matin, c'est pour ça qu'il y a des radios-réveils, pas des télés-réveils, l'intimité du petit déjeuner partagé et de la douche prise ensemble, ça crée des liens. Du coup, les billets satiriques portent bien plus, c'est pour cette raison qu'il fallait aussi écarter Charline et Guillaume Meurice de ce moment. Ça portait.

Il y a une disponibilité du cerveau le matin qui n'a pas besoin d'être forcée. Même dans la voiture, jusqu'à ce que l'auditeur arrive sur son lieu de vie sociale, cette intimité se poursuit. Elle se rompt là, avec le commentaire à la machine à café et le bruit ambiant de l'actu de grande consommation.

Pascale Clark m'offrira l'occasion d'écrire une chronique dans son émission *Comme on nous parle* sur France Inter pour la saison 2011-2012. Je ne travaillais plus pour les *Guignols* depuis quatre ans et l'élection présidentielle de 2012 approchait. Après une promo dans cette même émission[55] pour mon livre *La Révolution ? On s'rappelle...*, Pascale me dit : « Tu as couvert les trois dernières élections présidentielles avec les *Guignols* et pour celle-là, tu vas être frustré, je sens. Si tu veux, je te donne un micro une fois par semaine. Tu fais et dis ce que tu veux. » Conditions idéales : le support, l'horaire du matin[56], de la bienveillance, de la liberté, du temps pour choisir le sujet et du temps pour l'écrire. Je rédige une trentaine de chroniques que j'interprète à l'antenne et je n'en renie aucune. Je porte un regard critique sur bien des choses que j'ai faites, mais pas sur celle-là.

Avec le recul, mon narcissisme est évident : je parlais de moi en faisant croire que je parlais des autres. Mais ce sont sans doute les moments les plus vrais de toutes mes interventions radiophoniques. Ah, au fait, c'était sur France Inter, station de radio qui n'arrive toujours pas à expliquer pourquoi elle arrête contre l'avis de l'équipe un succès incontestable d'audience. On sait juste que c'est pas politique.

55. 15 février 2011. La séquence est ici. Elle est éclairante sur ce premier livre : https://www.dailymotion.com/video/xh1jdn
56. 9 h 15, tous les mardis.

Prendre des précautions oratoires à l'écrit, c'est un peu pénible

La tristesse d'un homme seul, ou d'une femme seule, ou d'un transgenre seul, ou d'un·e non-genré·e seul·e est évidemment un drame. Comme l'écriture inclusive, le drame est assez délicat à manier. L'auteur, l'autrice ou le/la non-genré·e auteurisse n'écrit pas contre quelqu'un·e, il/elle se met à hauteur de ce quelqu'un·e pour évoquer le drame. Il/elle – iel ? – ne doit pas ajouter de la douleur mais porter ce qu'il/elle vit de triste – et qu'il/elle ignore souvent – vers un soulagement qu'il/elle ne sait pas comment atteindre seul·e. Bref, comme l'écriture inclusive, c'est délicat à manier, la précaution oratoire, surtout à l'écrit.

Fin 2001, *Les Guignols de l'info* ont vécu un moment pour lequel il était recommandé de prendre des précautions. On ne l'a pas fait. Et on a eu raison.

Attentat du 11 septembre à New York, Washington et en Pennsylvanie, l'équipe des *Guignols* est bien sûr choquée mais il faut faire le job. On le fait, on change tout le JT entre 15 et 17 heures (à New York, il est 9 heures du matin) ; à 17 heures (11 heures à New York), on a un coup de fil de Lescure qui se trouve à Los Angeles (où il est 8 heures du matin) : « Ici on parle de trente mille morts, nous dit-il… On ne peut pas déconner comme si la situation était banale. »

On est d'accord, Pierre, on fera le JT de ce soir… demain. Ça ne semblait aberrant à personne. Là, Denisot qui était venu dans notre bureau avec Alain de Greef et quelques autres, pour nous raisonner si nous n'étions pas d'accord, je suppose, dit : « Oui, mais on passe le tiercé quand même, Pierre, on est d'accord ? » Il y a eu un blanc. Les précautions oratoires n'eussent-elles pas été utiles dans ce cas précis.

Pour le traitement satirique des attentats du 11-septembre, on restera unique. Dès le premier jour, on a un discours décalé de la tendance générale qui dit en substance : « Je ne sais pas qui a fait ça, mais il vient de nous mettre les Américains sur le dos pendant cinquante ans, nous plonger dans la répression aveugle pour un siècle et restreindre nos libertés pour toujours. » Comme nous ne sommes pas sur la même ligne que la presse en général, nous subissons une nouvelle campagne média. Nous sommes accusés de nous poser trop de questions et donc, même si le mot n'est pas à la mode en 2001, d'être complotistes. Jamais pourtant nous n'avons parlé de complot, de destruction des tours par explosifs, dit qu'il n'y a pas eu d'avion dans le Pentagone, etc., tout ce qui se disait à l'époque, nous parlions seulement des conséquences de ces attentats sur l'avenir des démocraties. Rien que ça, oui. Mais nous avons aussi rapidement confectionné une marionnette de Ben Laden (avec celle d'Harlem Désir) et nous avons fait parler celui qui se cachait, en le montrant moqueur, arrogant, riant de la mort de milliers de personnes. Le monde entier l'a cherché pendant dix ans. Qui d'autre que nous aurait pu le faire ?

Dans un univers instable, on écrit différemment. Les soucis comme vecteurs de créations pertinentes sont une illusion. Si on écrit en état d'ébriété par exemple, il faut relire à jeun ou faire picoler tout l'auditoire. La colère peut aider à écrire dans le domaine de la satire, et même le simple agacement permanent peut être un moteur. La résignation, jamais. Le cynisme, non plus.

CONCLUSION

Il n'y a plus d'émissions de satire politique en France et j'ai beaucoup parlé de moi. C'est ça, la conclusion. À propos, ai-je déjà mentionné le fait que la direction de France Inter n'expliquait toujours pas pourquoi elle avait décidé de l'arrêt de cette émission, alors que ce n'est pas politique, que cela ne relève pas de la volonté de l'équipe et que c'était un succès ?

Demandons-nous : en quoi est-ce si grave ? Après tout, moi-même, je trouve que l'époque ne prête pas à rire. Elle servait à quoi, cette émission ? Les hommes et les femmes politiques sont utiles, mais une émission qui se moque d'eux, ça sert à quoi ?

La politique est indispensable et, à travers la personne élue, censée guider le pays vers le bien-être du plus grand nombre parce que les citoyen·ne·s de ce pays l'ont élu·e pour « aller quelque part » et qu'ils/elles ont jugé ce « quelque part » meilleur qu'un autre. En théorie. En réalité, aucun politique depuis 1983, date à laquelle s'est éteinte l'idée d'un programme « pour changer la vie » au profit d'une gestion du marché, ne va ailleurs que là où le marché veut le guider.

La police est utile. Elle garantit que les voleurs et les méchants seront cantonnés à la marge en minimisant leurs nuisances, elle protège les honnêtes citoyens des mauvais afin que le bien-être auquel ils aspirent en votant pour leurs représentants ne soit pas flétri par des individus malhonnêtes. C'est une police républicaine au service des citoyens. En théorie. En réalité, c'est une histoire qu'on raconte aux enfants pour qu'ils restent sages. Aux enfants qui ne vivent pas dans des quartiers où la police contrôle papa/maman pour rien trois fois par semaine depuis trois générations, qu'ils ne soient pas insultés ou méprisés à longueur de temps par les représentants des forces de l'ordre dont les uniformes sont de plus en plus agressifs à l'œil et qui évoquent plus un état de siège permanent que le policier gardien de la paix, que leurs perspectives de « s'en sortir » ne soient pas largement inférieures à celles des habitants de quartiers favorisés, que, s'ils ont la chance d'arriver sur le marché du travail, la discrimination à l'embauche ne soit pas si flagrante, etc. Je ne vous fais pas la liste des difficultés récurrentes dans ces quartiers, vous la connaissez. Du coup, c'est un véritable labyrinthe mental dans lequel se perd toute personne essayant de faire comprendre à ces jeunes adultes que la police protège tous les citoyens, et pas seulement les biens d'une minorité de privilégiés qui se cache derrière elle pour garder ses privilèges. C'est pas trop évident d'expliquer ça calmement quand les faits, têtus, te démontrent le contraire à longueur de temps.

Il y a aussi les flics de la PJ qui luttent contre le grand banditisme et tous les RAID, BRI, GIGN, GIPN, etc. qui sont parfois héroïques. Seulement la PJ vient d'être absorbée par la Direction générale de la police nationale (DGPN) et va aider les collègues à prendre des plaintes pour vols et trafics afin de faire baisser les statistiques de la délinquance, et les unités « d'élite » sont de plus en plus utilisées pour mater des manifestants. Misère. Ils ont un ministre qui essaye de se présenter à la présidentielle de 2027 ou quoi ?

Il faudrait de bons profs, nombreux, pour expliquer tout ça. Et des milliers d'heures de cours, parce que c'est assez complexe à exposer, au point que la physique quantique à côté, c'est carrément de l'algèbre de base. Mais des profs, en ce moment… Ils sont occupés à faire deux ans de plus pour leur retraite.

L'armée est utile. Elle protège nos frontières contre des envahisseurs qui jalouseraient notre bien-être, en montrant sa puissance de temps en temps, lors de défilés dits du 14 Juillet où on fait parader de beaux avions et de magnifiques chars, mais pas tous, pour garder l'effet de surprise en cas de conflit armé. En théorie. En réalité, un seul porte-avions en perpétuelle réparation, une puissance nucléaire sous-marine qui devient repérable alors que sa force était justement sa discrétion totale, le tout sous le commandement américain de l'Otan. J'ai pas d'avis sur l'Otan. Je ne sais pas si c'est mal ou bien, bon ou pas, impossible de faire autrement ou si c'est de la soumission pure, mais le fait est que notre armée est sous commandement américain. Sauf en Afrique d'où on s'est fait éjecter.

La justice est utile. Elle tranche les conflits entre les citoyens, entre les citoyens et l'État ou toute institution qui commettrait un crime ou un délit contre un individu. En ordonnant les peines les plus justes, après avoir pris en compte, dans la quiétude d'une salle de tribunal, les faits et les circonstances qui ont mené à ces conflits, elle garantit la confiance dans toutes les autres institutions, ce qui est pourvoyeur de bien-être, bien-être recherché par les citoyens qui ont voté pour ça, etc. C'est aussi une source de sérénité. En théorie. En réalité, les infractions et les petits délits sont traités par des algorithmes et des intelligences artificielles. Les contraventions sont données à une « voiture », pas à son conducteur à qui incombe la responsabilité de l'infraction. (On peut échapper à cette infraction en dénonçant le conducteur, si ce n'est pas vous. Personnellement, pour ma moto de 1 800 cm^3, je dénonce ma mère de quatre-vingt-neuf ans. Je pourrais ne pas le faire, mais quand tu te fais attraper à soixante-dix au lieu de soixante, l'idée d'échapper à la justice aveugle en dénonçant ma mère me semble équilibrée dans le foutage de gueule.) Les peines « automatiques », c'est l'inverse de la justice. C'est une sanction sans vrai jugement. Point. D'un autre côté, expliquer à un voleur de sandwiches qu'il va faire trois mois ferme quand un voleur de milliards reçoit la Légion d'honneur, c'est pas trop évident, et ça peut prendre du temps, de faire entrer dans un crâne insoumis *l'exemplarité* de la peine ; de même, convaincre un rétif à tête dure qu'il doit payer une forte amende pour outrage et rébellion quand un flic qui tue reçoit une cagnotte, c'est embarrassant, au minimum. Quand, en plus, le ministre de la Justice se retrouve devant la Cour de justice de la République pour des délits commis dans le cadre de ses fonctions, ça rend difficile de garder intacte la foi que l'on porte en nous envers la justice de notre beau pays. Il faudrait des tribunaux en plus, des greffiers en plus, des juges en plus et même des juges de proximité… mais les juges, en ce moment… Ils ont peur de la police.

La presse est utile. Elle informe les citoyens qui, instruits des faits, peuvent continuer à profiter du bien-être qu'ils recherchent et voter pour les meilleurs d'entre nous sans crainte d'être manipulés. Les journalistes sont protégés par une charte dite « de Munich », garantissant au sens large leur totale indépendance des pouvoirs d'argent et leur liberté d'expression et d'opinion – pour les éditorialistes –, tout en les obligeant à se tenir à une déontologie assez stricte en matière de divulgation de fausse nouvelle ou de dissimulation d'information d'utilité publique. En théorie.

En réalité les journalistes sont appointés par un média. Médias dont 90 % sont détenus par des milliardaires qui ont des idées et veulent les rendre majoritaires dans l'opinion. Pour ça et après avoir acheté le média choisi, ils virent la direction générale, mettent en place des gestionnaires « loyaux » et fidèles, qui virent les directions des rédactions en dessous pour y placer des lieutenants loyaux et fidèles, qui eux-mêmes virent les journalistes récalcitrants en leur demandant de faire jouer cette chose si pratique qu'est « la clause de conscience » – pour simplifier, afin d'éclairer les non-initiés, c'est un peu d'argent. Ceux qui se soumettent à cause des traites du Qashqai hybride restent bien sages. Et deviennent des « travailleurs médiatiques », plus que des journalistes. Mais les mensualités sont honorées. Il y a moins de salauds que de soumis, j'en suis convaincu, mais le résultat est le même. Les récalcitrants vivotent sur des médias indépendants. La concentration des médias dans peu de mains trop riches ne semble pas gêner grand monde, pourtant, c'est le problème majeur d'aujourd'hui. Le CNR et les ordonnances de 1944 promettaient « une presse libérée des puissances de l'argent ». Quatre-vingts ans après, retour à la case départ. Une loi qui interdirait par exemple à un milliardaire d'acheter plus de 5 ou 10 % d'un média (et d'un seul), et décréterait que son droit de vote dans un conseil d'administration ne représente qu'une voix, serait à coup sûr dénoncée comme une loi « liberticide » par les médias achetés, qui restreindrait la liberté du renard en lui interdisant l'accès au poulailler, ce qui est inscrit dans la Déclaration universelle des droits du renard.

Déclaration pour laquelle les poules n'ont pas eu le droit de vote. Ou alors, elles se sont abstenues ? Idiocratie.

L'éducation nationale est utile, gratuite et obligatoire, elle garantit l'instruction publique, un droit inscrit dans la Déclaration des droits de l'homme et du citoyen comme « droit à l'éducation ». Cette instruction est le socle indispensable à la formation de citoyens responsables, qui ont la charge de choisir leurs représentants par le vote. Et depuis les philosophes grecs, nous savons que la démocratie ne fonctionne bien que lorsque les citoyens sont convenablement éduqués et bien informés (pour « informés », revenir au paragraphe ci-dessus). En théorie. En réalité si tu fais l'École alsacienne dans un beau quartier de la capitale, tu as plus de chances d'intégrer l'ENA, puis un cabinet ministériel à vingt-cinq ans, que si tu fais le lycée Pablo-Neruda à Pourave-sur-Loire.

Les satiristes, eux, sont-ils utiles, vraiment ? Ils regardent l'actualité avec ironie et pointent du doigt ce qui ne va pas dans les honorables institutions sus-citées certes, mais… sont-ils *utiles* ? Ils montrent la tache sur la cravate, certes. « Oh, comme vous êtes bien habillé, môssieur, mais… là… y aurait pas une grosse tatache de vinasse des fois, ou c'est moi ? » Ils sont la preuve que la société dans laquelle ils exercent leur « métier » est bien équilibrée et n'a pas peur de sa critique. Rappelez-vous, les truites du réservoir d'eau du parc Montsouris, mais… en a-t-on *besoin* ? La société démocratique en bonne santé est plus forte que ce qui la chicote, et accepte de rire de ses manquements véniels, le cas échéant. Mais peut-on vivre sans ? Je ne sais pas si on peut, mais en tous les cas il va falloir, parce qu'il n'y a plus d'émissions de ce type en France.

Pourtant, lorsque les journalistes oublient – ce qui peut arriver –, dans la hiérarchie de l'information dont ils ont la responsabilité, des événements qui semblent essentiels, les drôles peuvent servir de pense-bête. C'est utile, un pense-bête, non ? De façon légère, ils disent : « Nous, on voit un problème là, ou une contradiction, ou un mensonge, ou une forfaiture mais peut-être qu'on se trompe, nous ne sommes que des amuseurs, vous en pensez quoi, les gens ? »

L'utilité des émissions de satire politique n'est pas évidente à démontrer, pas plus que l'utilité de rire avec ce type d'humour. Ni de rire en général. Relisons *Au nom de la rose* et observons une bactérie.

Il n'y a pas mieux comme analogie que la croissance exponentielle d'une bactérie dans une bouteille.

Les bactéries croissent en se dédoublant. Une bactérie se dédouble et devient deux, puis quatre, puis huit, puis seize, etc. Supposons que nous avons des bactéries dont le nombre double chaque minute. Supposons que nous placions une de ces bactéries dans une bouteille vide à 11 heures du matin et observions que la bouteille est pleine à midi pile. C'est une expérience ordinaire de croissance régulière qui se passe dans un environnement fini, la bouteille. Elle est enseignée un peu partout, je n'ai pas inventé ça. Le prof pose à partir de là trois questions simples à ses étudiants :

1/ À quel moment la bouteille est-elle à moitié pleine ?

La réponse est évidente : à 11 h 59, une minute avant midi, puisque les bactéries doublent chaque minute.

2/ Si vous étiez une des bactéries de la bouteille, à quel moment comprendriez-vous que vous allez manquer de place ?

Une minute avant midi, la bouteille est à moitié pleine, normalement à cet instant, toutes les bactéries devraient avoir compris, sauf la bactérie Aurore Bergé, mais on lui expliquera plus tard… Cela signifie que deux minutes avant midi, la bouteille était au quart pleine seulement et, trois minutes avant, au huitième de son remplissage.

3/ Demandons-nous donc si, cinq minutes avant midi, quand la bouteille est seulement à 3 % pleine et qu'il y a 97 % d'espace libre qui te disent : « Vas-y, gros, envahis-nous, développe-toi, c'est des âneries, le remplissage de la bouteille, regarde, il y a plein de place », combien de bactéries voient le problème ? C'était la question 3.

Le boulot des scientifiques est bien entendu de dire : il y a un problème, on le voit, on l'anticipe. Par exemple, on sait que notre soleil implosera dans cinq milliards d'années, ce qui tuera Michel Drucker. Même si on n'a pas envie de l'entendre, on nous le dit. Mais cinq milliards d'années, c'est inimaginable. Pour les cent ans à venir, c'est différent. On peut se dire que nos petits-enfants seront touchés, notre descendance, bon sang ! Là, non, Pierre-Marie-Madeleine, on ne peut pas laisser faire ! Pourtant, quand tu entres tous les paramètres d'une problématique donnée : rentabilité, intérêts particuliers, bêtise, faisabilité, fainéantise, etc., toutes les raisons pour qu'on n'écoute pas ceux qui ont vu le problème sont réunies.

Et quand les travailleurs médiatiques, soucieux en priorité de payer leurs traites et de se la faire belle, ne prêtent pas attention à ce genre d'info, parce qu'anxiogène ou plus probablement parce que leurs actionnaires bossent dans une des industries visées et que l'idée ne leur vient même pas de proposer le sujet dans leur média, il ne reste plus que les satiristes, comiques, rigolos, appelez-les comme vous voulez, pour faire le job. Dire que la situation est grave mais pas désespérée. Ou plutôt, comme nous sommes probablement à trois minutes avant midi dans cette saleté de bouteille, dire que la situation est désespérée mais… pas grave. Pour la planète, tous les signaux semblent au rouge, mais les mesures prises sont par opposition dérisoires. Chaque jour, le secteur des énergies fossiles reçoit un milliard sept cents mille de dollars de subventions[57]. « Au moins mille huit cent milliards de dollars de fonds publics seraient fléchés au niveau planétaire vers des activités qui participent à la destruction des écosystèmes. Au-delà de l'effet dévastateur immédiat, ces enveloppes de subventions bloquent la transition de certains secteurs vers une économie décarbonée. Les auteurs de l'étude appellent les pouvoirs publics et institutions internationales à réorienter ces

57. www.latribune.fr/economie/international/chaque-jour-le-secteur-des-energies-fossiles-recoit-plus-de-1-7-milliard-de-dollars-de-subventions-904316.html

fonds ou à les supprimer. » C'est *La Tribune* qui écrit ça, un journal économique libéral, c'est pas des woke islamo-écolo-khmers-verts-gauchistes qui le disent. Et on nous demande quoi ? De faire pipi sous la douche pour économiser l'eau ! Faites caca en même temps, les amis, vous sauverez l'humanité à coup sûr.

Quand ça conteste trop, que des Soulèvements de la Terre font des actions ciblées, ils subissent la répression violente d'une police qui protège donc des intérêts particuliers, et les Soulèvements de la Terre sont dissous administrativement par le seul fait du Roitelet[58].

Il semble pourtant, pour l'humour pantouflard qui se répand aujourd'hui, qu'il est plus utile de faire des blagues sur les écolos qui alertent plutôt que sur les problèmes qu'ils soulèvent. Mais on arrive à la fin et je n'ai plus la place pour parler de Gaspard Proust.

Par exemple, et pour faire court, produire de la viande à grande échelle gaspille bêtement les ressources, c'est un fait. Pour produire un kilo de bœuf, il faut vingt-cinq kilos de végétaux, onze calories végétales pour produire une calorie animale – les chiffres viennent de l'Académie nationale des sciences –, si on bouffait les végétaux qui servent à produire la viande, on polluerait moins, on se porterait mieux et on nourrirait trois cent cinquante millions de personnes en plus sans problème[59]. Le végétarien a donc objectivement raison sur toute la ligne.

58. À l'heure où ces lignes sont écrites, la dissolution est suspendue.
59. Fabrice Nicolino, *Bidoche : l'industrie de la viande menace le monde*, Paris, Les Liens qui libèrent, 2009.

Pourtant, on moque plus facilement Sandrine Rousseau que Fabien Roussel. Va comprendre.

De jeunes puceaux, on dit aussi *young leaders*, sont un peu partout aux manettes d'un monde occidental qu'ils regardent comme un monde peuplé de gens hostiles ; élus par défaut ou par ruse, ils s'extraient de ce monde pour vivre dans un autre, parallèle, dans lequel la température est toujours à vingt-deux degrés, dans lequel il fait doux et bon vivre été comme hiver, nuit et jour… C'est une illusion, ils crèveront comme tout le monde. Les bactéries dans la bouteille ne peuvent pas s'en sortir et la majorité va crever jusqu'à ce qu'il y ait de nouveau de la place et… ce cycle recommencera indéfiniment. L'espèce humaine va très probablement faire pareil. L'idée la plus brillante pour faire oublier ça est encore une idiotie : coloniser la planète Mars, soit ouvrir une deuxième bouteille, selon la bactérie Elon. Ces gens sont bien gentils mais, en attendant, ils rendent la société violente et invivable pour la plus grande partie de l'humanité, ils construisent un monde sans harmonie, sans équilibre. La répression, l'interdiction, la menace, les coups de menton, la torsion jusqu'à l'absurde des institutions, le mépris, le mensonge, les lois d'exception qu'on fait entrer dans la loi commune, la surveillance de tout et de tous – pour notre bien, évidemment –, les médias contrôlés sont leurs outils. Ils plient le monde à leurs caprices d'enfants mal élevés mais très polis, trop pour être honnêtes. L'ordre mélien est en place. Le plus fort fait ce qu'il veut du plus faible.

Les satiristes, dans tout ça, ils gênaient. La moquerie est la plus puissante des contestations, elle reste dans la tête quand la blague est inspirée et change la façon de voir, elle est non violente, efficace, montre le roi nu selon la formule consacrée, dit la fatuité d'une pensée ou la violence d'une action en faisant rire ; elle est sympathique, percutante, dévastatrice pour les boursoufflés de suffisance dont la communication orchestrée avec les médias amis se délite à son contact. Les satiristes ridiculisent la morgue. Il fallait bien que ça s'arrête.

J'ai commencé avec Coluche, je vais finir par lui, comme preuve que le rire peut changer des choses, même minimes. Dans un sketch de 1979, c'est dire si je suis vieux, consacré à la publicité à la télévision, il évoquait les lessives qui lavaient *encore plus blanc*, en disant une chose comme « l'ancienne, elle lave moins blanc alors… ? — Non, elle lave blanc. — Ah bon, […] parce que moins blanc que blanc, je me doute, ça doit être gris clair, mais plus blanc que blanc, c'est quoi comme couleur ? — C'est nouveau, ça vient de sortir. »

Campagne retirée. L'émetteur avait été brouillé par le rire. La campagne publicitaire n'était plus crédible.

Dans le même sketch, il se moquait d'un slogan des supermarchés Mammouth, marque disparue en 2009. Leur publicité était : « Mammouth écrase les prix », ce qui est une contrepèterie : « Mamie écrase les prouts. » Personne ne l'avait remarqué.

Campagne retirée. Plus personne ne pouvait lire le slogan sans se moquer. Communication détruite.

Une dernière pub pour Calgon, qui se disait la « lessive qui lave l'eau avant de laver le linge », « pour le cas où des cons feraient la lessive à l'eau sale ? » Campagne abandonnée.

En politique, ça fonctionne parfois aussi. Pour parler de choses très anciennes et des *Guignols de l'info* une dernière fois, quand, entre deux concurrents de droite, Balladur et Chirac, en 1995, tu colles sur l'un l'étiquette sympa « mangez des pommes » et sur l'autre « couilles molles », l'image de l'un est plus valorisée que l'autre, les lignes peuvent bouger un peu, et un des deux est élu à l'arrivée, alors que la presse avait clairement choisi l'autre, « couilles molles ». Je ne suis pas fier d'avoir participé à faire élire Chirac, c'était pas mon candidat, mais, en écartant Balladur, on aura retardé l'accession au pouvoir de Sarkozy de douze ans. C'est déjà ça.

Les joyeux drilles ont-ils vraiment du pouvoir, comme semblent le craindre les pires idiots de la place ? Non. Aucun. Le pouvoir vrai, c'est celui de nommer et de révoquer : les hommes, les lois, les budgets, les crédits d'impôt... Les joyeux drilles ont mieux que le pouvoir, ils ont de l'influence, parfois seulement – restons calmes –, quand le succès les touche, mais aucun pouvoir évidemment. Le pouvoir, celui qui te l'a accordé peut te le retirer, car le vrai patron est celui qui nomme le patron. Personne ne peut te retirer ton influence. Même s'ils essayent de te salir, ça la renforce. Cette influence est insupportable pour un pouvoir qui a peur.

Celui du moment est affolé. France Inter vient de cacher la poussière sous le tapis sans que la direction soit capable d'expliquer pourquoi elle l'a fait. À part que ce n'est pas politique.

À dimanche, les amis.

ANNEXES

ANNEXE 1

Les auteurs permanents des *Guignols* de 1991 à 2007, période pendant laquelle j'y écrivais quotidiennement.

Années	Auteurs permanents	Collaborateurs occasionnels principaux
1992-1996	Bruno Gaccio Benoît Delépine Jean-François Halin	Jean-Paul Bathany Jérôme Richebon
1996-1999	Bruno Gaccio Franck Magnier Alexandre Charlot	Jean-Paul Bathany Éric Lavaine Yvan Longuet
1999-2001	Bruno Gaccio Ahmed Hamidi Lionel Dutemple Julien Hervé	Laurent Vassilian Yvan Longuet
2001-2007	Bruno Gaccio Ahmed Hamidi Lionel Dutemple Julien Hervé	Yvan Longuet

Il y eut, tout au long des années où j'ai eu la responsabilité de cette émission, des dizaines de collaborateurs occasionnels qui ont contribué à l'écriture des sketches enregistrés. Avec plus ou moins de bonheur et d'assiduité. Le tableau donne les noms des principaux.

On peut retrouver la liste complète sur la fiche Wiki des *Guignols* avec les noms de tous les manipulateurs, imitateurs, metteurs en scène, réalisateurs et directeurs artistiques de l'émission pendant toute son existence.

À noter, Yvan Longuet est resté bien plus longtemps que moi aux *Guignols* ; entré en 1997, il est parti à la fermeture en 2017. Vingt ans pendant lesquels il a écrit au moins un sketch par semaine. Talentueux, assidu, réservé et discret (trop), sans lui, les *Guignols* n'auraient pas été ce qu'ils ont été… et resteront.

Annexe II – Directions de Canal+, 1992-2017

Période	Présidence	Direction générale
1992-1994	André Rousselet	Pierre Lescure
1994-1999	(Vivendi) Jean-Marie Messier	Denis Olivennes
1999-2000	(Vivendi-Universal) : Jean-Marie Messier	Denis Olivennes
2000-2002	(Vivendi-Universal) Jean-Marie Messier	Michel Denisot
04/2002- 07/2002	(Vivendi-Universal) Jean-Marie Messier	(Canal) Dominique Farrugia
07/2002- 02/2003	Vivendi-Universal) Jean-René Fourtou	Bertrand Meheut
2003-2015	Rodolphe Belmer	Rodolphe Belmer
2015-2017	Vincent Bolloré	Vincent Bolloré

Direction des programmes	Directoire	Conseil de surveillance
Alain de Greef		J.M. Messier
Alain de Greef	Pierre Lescure	J.M. Messier
Michel Denisot	Pierre Lescure	J.M. Messier
Alexandre Drubigny	Pierre Lescure	J.M. Messier
Personne	Xavier Couture	J.M. Messier
Michel Denisot	Xavier Couture	J.-R. Fourtou
Rodolphe Belmer	Bertrand Meheut	B. Meheut
Vincent Bolloré	Vincent Bolloré	V. Bolloré

Durant une période, j'ai été, et j'ai toujours dit que je « bossais à Canal+ ».

Ce qui est impropre tant les entités qui supervisèrent la chaîne lui donnèrent son budget de fonctionnement et établirent ma fiche de paie furent nébuleuses et pléthoriques. Nous, histrions et créateurs, étions protégés de ces aléas la plupart du temps, mais quand il s'agissait de couper des budgets, restreindre nos libertés d'action, licencier du personnel, nous subissions la nébuleuse. Au début, c'était simple. Puis ça s'est passablement compliqué au fil du temps et des fusions-acquisitions, pactes, rachats, etc.

Ce tableau extrêmement simplifié pour comprendre qui étaient ceux à qui je devais rendre des comptes, selon les périodes.

Annexe III – Liste des émissions supprimées depuis 2015

En plus de *C'est encore nous* et *Les Guignols de l'info,* dont la suppression qui marque la fin des émissions satiriques quotidiennes, nous avons perdu à la télévision et à la radio : *Là-Bas si j'y suis*, *Arrêt sur images*, *Parcours de combattants*, *90 Minutes*, *Spécial investigation*, et j'en oublie sûrement.

Pour les associations, les Soulèvements de la Terre sont les derniers en date, mais on peut parler d'Anticor, de l'Observatoire de la laïcité, de Nantes révoltée, mis dans le même sac que des groupuscules islamistes ou d'extrême droite, histoire de dire que tout ça, n'est-ce pas, c'est un peu la même chose : des extrêmes à bannir.

Depuis 1936, le gouvernement a la possibilité de dissoudre toute association présentant un danger pour la démocratie (c'est assez flou pour laisser l'interprétation de *danger* portée par le vent qui souffle). Sous les gouvernements de gauche, c'était l'extrême droite qu'on voulait « briser » ; sous la droite, c'était les groupuscules d'extrême gauche, toujours au nom de la protection de la démocratie. Mais sous Macron, c'est autre chose : tout le monde dans le même sac, Anticor, Génération identitaire, CCIF, en attendant la Ligue des droits de l'homme… pour *protéger* la démocratie ? ou le camp du président, minoritaire, détesté et critiqué de toutes parts ?

Annexe IV – Le Lay déclaration complète

« Il y a beaucoup de façons de parler de la télévision. Mais dans une perspective “business”, soyons réalistes : à la base, le métier de TF1, c'est d'aider Coca-Cola, par exemple, à vendre son produit (...).

Or pour qu'un message publicitaire soit perçu, il faut que le cerveau du téléspectateur soit disponible. Nos émissions ont pour vocation de le rendre disponible : c'est-à-dire de le divertir, de le détendre pour le préparer entre deux messages. Ce que nous vendons à Coca-Cola, c'est du temps de cerveau humain disponible [...].

Rien n'est plus difficile que d'obtenir cette disponibilité. C'est là que se trouve le changement permanent. Il faut chercher en permanence les programmes qui marchent, suivre les modes, surfer sur les tendances, dans un contexte où l'information s'accélère, se multiplie et se banalise. »

Achevé d'imprimer par
Normandie Roto Impression s.a.s.
61250 Lonrai
N° d'impression : 2304050
Dépôt légal : octobre 2023

Imprimé en France